España

스페인
역사

한국외국어대학교 | 박 철 편역

Samyoung Publishing House

머리말

오늘날 스페인어의 중요성은 날로 더해 가고 있습니다. 스페인어는 스페인과 중남미 20여 개국의 모국어일 뿐만 아니라 미국의 전 지역, 아프리카 일부 국가, 필리핀에까지 통용되고 있으며, 포르투갈어, 이탈리아어, 프랑스어 등 로망스어에 기원을 두는 외국어들을 쉽게 터득할 수 있는 장점을 지니고 있습니다.

국내에서 스페인어 학문 연구가 시작된 지 벌써 50년 가까이 이르렀으며 그 동안 수많은 언어 학습 서적들과 연구 서적들이 출판되어 왔습니다. 본서는 국내 최초의 서한(西韓) 대역서로서 내용면으로도 독자들에게 커다란 흥미를 불러 일으키면서 언어 학습에도 크게 도움이 될 것으로 믿습니다. 대역본의 내용은 스페인 고대 역사로부터 중세, 르네상스, 근대, 현대에 이르기까지 크고 작은 사건과 함께 흥미 있는 역사적 일화들로 구성되어 있습니다. 어학적 측면에서도 중급 수준으로 독해력을 증진시키기에 적합할 뿐만 아니라, 스페인의 역사적 흐름에 대한 정확한 지식을 얻을 수 있어서 일석이조(一石二鳥)의 성과를 거두게 될 것으로 믿습니다.

하나의 외국어를 익히기 위해서는 그 나라의 역사와 문학을 이해해야 하는 것이 필연적입니다. 그럼으로써 자신의 외국어 학습에 생명력을 불어넣을 수 있고, 언어는 살아 있는 지식으로서 그 역할을 다할 것입니다. 독자들의 편의를 위해 원문과 우리말의 번역을 쉽게 대조하며 읽을 수 있도록 편집하였으며, 아울러 중요한 어휘 및 숙어에 대한 해설을 해 놓았습니다. 또한 본문 내용에 대한 숙지 여부를 테스트하기 위하여 'Responde' 라는 내용 질문 항목을 만들었습니다.

앞으로도 시간이 나는 대로 보다 유익한 내용이 담긴 서한 대역서를 계속 발간할 생각입니다. 아무쪼록 본 서한 대역서로 착실히 공부하여 스페인어의 어학 능력을 향상시키는 동시에, 스페인의 역사와 문화에 대한 지식도 습득하기 바랍니다.

里門연구실에서
편역자 朴 哲

목 차

01 CÓMO VIVÍAN LOS PRIMEROS HOMBRES

Al principio, Dios creó las plantas, los peces, las aves y los animales terrestres; luego hizo al hombre. Antes de que el hombre existiera, hubo, pues, en el mundo muchas clases de plantas y de animales; algunos, como es tan grande, ya habían desaparecido cuando el hombre vino al mundo.

Los primeros hombres no tenían casas, porque no sabían hacerlas; vivían al aire libre y, durante la noche o cuando hacía malo, se refugiaban en cuevas o cavernas. Poco a poco fueron aprendiendo a construir chozas y, algunas veces, las colocaban sobre una gran plataforma en medio de los lagos. A estas viviendas las llamamos palafitos.

Aquellos hombres se alimentaban de lo que cazaban, de lo que pescaban y de las plantas y frutas silvestres que encontraban. Y para vestirse, usaban las pieles de los animales, pues no sabían tejer. Cuando la caza o la pesca escaseaba en un lugar, se iban a otro. Esto lo podían hacer fácilmente, porque eran pocos, y había grandes extensiones de tierra sin habitar. Para cazar, pescar y defenderse de las fieras, vivían agrupados por familias y tribus. Los utensilios y armas que empleaban, los hacían muy toscamente, golpeando y frotando una piedra con otra. Empleaban para hacer estos instrumentos una piedra muy dura que se llama pedernal.

Andando el tiempo, estos hombres primitivos descubrieron, aprendieron e inventaron muchas cosas. Por ejemplo, descubrieron el fuego; aprendieron a cuidar el ganado, a cultivar la tierra y a fabricar vasijas; inventaron la rueda y otras cosas útiles. Algunos

nos han dejado prueba de su extraordinario talento artístico en las pinturas rupestres de las cuevas de Altamira, provincia de Santander, de Alpera (Albacete) y Cogull (Lérida).

RESPONDE :

¿Qué había en el mundo antes de crear Dios al hombre? —¿Dónde habitaban los primeros hombres? — ¿De qué se alimentaban? — ¿Cómo vestían? — ¿De qué fabricaban los utensilios y las armas? — ¿Qué pinturas famosas nos han dejado?

알타미라 동굴 벽화

 Note

* **antes de que + 접속법** : ~하기 전에
* **refugiarse en** : ~로 피신하다
* **aprender a + inf** : ~하는 것을 배우다
* **andando el tiempo** : 시간이 지남에 따라
* **al aire libre** : 야외에서
* **poco a poco** : 점차로, 조금 조금씩
* **en medio de** : ~의 중간에, ~ 가운데에
* **las pinturas rupestres** : 동굴 벽화
* **Altamira** : 알타미라는 스페인 북부의 산딴데르 시에서 자동차로 한 시간 가량의 거리에 있는 작은 마을이다.

01 최초의 인간들의 생활 양식

처음에 하느님은 식물, 어류, 조류, 육상 동물들을 창조하시고 그런 다음 인간을 만드셨다. 인간이 존재하기 이전 세상에는 많은 종류의 식물과 동물들이 있었다. 어떤 것들은 매우 거대한 몸집을 지녔는데 인간이 세상에 출현했을 때는 이미 사라졌다.

최초의 인간들은 집을 지을 줄 몰랐기 때문에 집이 없어서 벌판에서 살았으며 밤이나 기후가 나쁠 때는 동굴 속으로 몸을 숨겼다. 차츰차츰 움막 짓는 법을 익혀 갔으며 때때로 호수 가운데의 커다란 구조물 위에 움막을 세우곤 했다. 이런 주거 형태를 일컬어 수상 가옥이라 부른다.

그 당시 사람들은 사냥을 하고, 물고기를 잡고, 그들이 발견한 야생 식물과 과일로써 식생활을 했다. 그리고 옷감을 짤 줄 몰랐기 때문에 몸을 가리기 위해서 동물의 가죽을 이용했다. 사냥거리나 물고기가 한 장소에서 부족해지면 다른 곳으로 옮기곤 했다. 이런 일은 쉬웠다. 왜냐 하면 그들은 몇 명 되지 않았고 사람이 살지 않는 땅이 많았기 때문이다. 수렵하고 고기 잡고 맹수들로부터 몸을 지키기 위해서 종족과 가족들이 모여 살았다. 그들은 그들이 사용하는 도구와 무기를 돌끼리 두들기고 문질러서 매우 엉성하게 만들었다. 이 도구들을 만들기 위해서 부싯돌이라는 매우 단단한 돌을 사용했다.

시간이 지남에 따라, 이러한 원시인들은 많은 것들을 발견하고 배웠으며 발명하였다. 예를 들면, 불을 발견하고 목축을 돌보고 땅을 일구고 그릇을 만드는 것을 배웠으며 또한 마차 바퀴와 다른 유용한 물건들을 발명했다. 몇몇 사람들은 산딴데르 고장의 알타미라 동굴, 알뻬라(알바쎄떼 지방)의 동굴, 그리고 꼬굴(레리다 지방)의 동굴 벽화에서 그들의 놀라운 예술적 자질의 증거를 우리에게 남겨 놓았다.

02 IBEROS, CELTAS Y CELTÍBEROS

Los hombres primitivos tardaron muchísimos años en inventar la escritura. Centenares de familias, tribus y pueblos han pasado por el mundo sin dejar ningún documento escrito. Son los pueblos prehistóricos. A los otros que han dejado documentos escritos los llamamos pueblos históricos.

Los primeros pobladores históricos de España fueron los iberos, los celtas y los celtíberos.

Los iberos llegaron a España en tiempos muy lejanos. Eran hombres valientes y guerreros, y venían probablemente de África. Después de atravesar el estrecho de Gibraltar, se establecieron principalmente en el Sur y Este de España. En Andalucía formaron un reino de mucha riqueza llamado Tartesos. Su rey era muy famoso por su poder y por sus fabulosos tesoros. De todas partes venían barcos a negociar con las riquezas de Tartesos. Principalmente venían a buscar la plata que abundaba en sus minas.

Algo más tarde vinieron a España los celtas, que atravesaron los Pirineos y se extendieron principalmente por Galicia y Portugal.

Los iberos y los celtas se juntaron en el centro de España y formaron un pueblo de hombres valientes y disciplinados llamados celtíberos.

Tanto los iberos como los celtas y los celtíberos formaban grupos de familias llamadas tribus. Cada tribu tenía su jefe, sus dioses y sus costumbres. A veces luchaban unas tribus contra otras, y los prisioneros de guerra pasaban a ser esclavos del vencedor.

Los iberos tuvieron una civilización bastante adelantada, como lo demuestran las obras artísticas que hicieron; por ejemplo, la Dama de Elche, que es la más famosa escultura de los iberos.

RESPONDE :

¿Quiénes fueron los principales pobladores históricos de España? — ¿De dónde vinieron los iberos? — ¿Qué reino famoso formaron en Andalucía? — ¿Cuál era su principal riqueza? — ¿A qué venían los extranjeros a Tartesos? — ¿De dónde vinieron los celtas? — ¿Por dónde se extendieron esos primeros habitantes?

 Note

* **tardar + 시간 + en :** ~하는 네 시간이 길리다
* **extenderse por :** ~로 퍼지다, 확산되다
* **después de :** ~한 후에
* **tanto A como B :** A뿐만 아니라 B도

이베로족, 켈트족, 그리고 셀티베로족

원시인들이 문자를 발명하는 데는 오랜 세월이 걸렸다. 수많은 가족, 부족 및 민족들은 어떤 문헌 자료도 남기지 않고 이 세상을 스쳐 지나갔다. 이들이 선사인들이다. 우리는 문헌 자료를 남긴 또 다른 사람들을 역사인들이라고 부른다.

스페인의 최초의 역사인들은 이베로족, 켈트족, 셀티베로족이었다.

이베로족은 아득히 먼 옛날에 스페인에 도착했다. 이들은 용맹스러운 전사들로 아프리카에서 온 것으로 추정된다. 지브롤터 해협을 건넌 후에 주로 스페인의 남쪽과 동쪽에 정착하였다. 그들은 안달루시아 지방에 따르떼소라는 부유한 왕국을 세웠다. 그들의 왕은 그 권력과 신기한 보물들로 아주 유명했었다. 여기저기에서 따르떼소의 부(富)와 거래를 하기 위해 선박들이 들어왔다. 주로 그들은 따르떼소의 광산에 풍부했던 은을 찾기 위하여 왔다.

그보다 약간 늦게 켈트족이 스페인에 왔는데, 이들은 피레네 산맥을 넘어 주로 갈리시아와 포르투갈 지역에 퍼져 살았다.

이베로족과 켈트족은 스페인의 중심부에서 함께 살았고 셀티베로라는 용감하고 훈련된 종족을 형성했다.

'엘체의 귀부인' 조각상

이베로족과 켈트족

켈트족, 이베로족, 셀티베로족은 종족이라 불리는 친족 그룹을 형성했다. 각 종족은 각자 자기 족장과 그들 고유의 신과 풍습을 지니고 있었다. 때때로 다른 종족들과 싸움을 하곤 했으며 전쟁의 포로들은 승리자의 노예가 되었다.

이베로족은 월등히 진보한 문명을 지녔고 그것은 그들이 만든 예술 작품에서 볼 수 있다. 예를 들어 '엘체의 귀부인'이 있는데, 이것은 이베로족의 가장 유명한 조각 작품이다.

스페인의 고대 민족들

03 FENICIOS, GRIEGOS Y CARTAGINESES

Observa el mapa y fíjate dónde está Fenicia. A un lado del Mar Mediterráneo está España y al otro lado, Fenicia. En este país, que está tan lejos de España, vivía un pueblo de navegantes. Con sus grandes barcos recorrieron las costas del Mar Mediterráneo. En una de sus excursiones marinas, hace unos tres mil años, llegaron hasta España y establecieron algunas ciudades en las costas de Andalucía. La principal de estas ciudades fue Cádiz. Los fenicios enseñaron a los iberos la escritura y el comercio.

Vuelve otra vez al mapa y fíjate dónde está Grecia. También a los griegos les gustaba navegar por el Mar Mediterráneo, y en sus viajes vinieron a España, un poco después que los fenicios. Estos navegantes griegos se hicieron buenos amigos de los iberos, les enseñaron a cultivar la viña y el olivo y fundaron las ciudades de Rosas y Ampurias.

La ciudad de Cartago, que está al Norte de África (míralo en el mapa), envió un ejército para ayudar a los fenicios. Al principio sí que les ayudaron, pero luego ese ejército cartaginés se hizo el dueño de todas las ciudades que los fenicios tenían en España. Se apoderaron también de las Baleares y de Cerdeña. Y por esta causa comenzaron las guerras entre Roma y Cartago. Estas guerras se llamaron guerras púnicas.

El general más famoso de los cartagineses fue Aníbal, que hizo la gran hazaña de pasar los Alpes con su ejército, ir a Italia y vencer a los romanos en Cannas. El mejor general de los romanos fué Cornelio Escipión, que vino a España, venció a los cartagineses y se apoderó de todas sus ciudades y colonias.

RESPONDE :

¿De dónde eran los fenicios? — ¿A qué se dedicaban? — ¿Qué ciudad fundaron en España? — ¿Qué enseñaron a los iberos? — ¿Qué colonias fundaron los griegos? - ¿Qué enseñaron los griegos a los iberos? — ¿Cómo se llaman las guerras que hubo entre los romanos y los cartagineses?

 Note

* **recorrer las costas** : 해안을 일주하다
* **a los griegos les gustaba navegar por el Mar Mediterráneo** : 그리스인들은 지중해를 항해하기를 좋아하였다 (gustar 동사의 용법에 주의)
* **hacerse el dueño** : 주인이 되다
* **apoderarse de .** 을 점령하다(소유하게 되다)
* **las guerras púnicas** : 카르타고와 로마 사이에 일어난 포에니 전쟁(BC. 264~146)
* **Aníbal** : 한니발. 카르타고의 명장 한니발의 군대는 90,000명의 병사와, 12,000마리의 말과 40마리의 코끼리를 앞세우고 알프스 산맥을 넘어 로마를 공격했다.

03 페니키아인, 그리스인, 카르타고인

지도를 관찰하고 페니키아가 어디에 있는지 잘 보라. 지중해 한쪽에 스페인이 위치하고 있고 다른 한쪽에 페니키아가 있다. 스페인으로부터 아주 멀리 떨어져 있는 이 나라에는 해양 민족이 살고 있었다. 그들은 거대한 선박들을 타고 지중해 연안을 항해했다. 약 3천 년 전 그들은 항해 중에 스페인에 이르게 되어, 안달루시아 해안에 몇몇 도시들을 세웠다. 이 도시들 중에서도 중심 도시는 까디스였다. 페니키아인들은 이베로족에게 문자와 상업을 가르쳤다.

다시 한 번 지도를 보면서 그리스가 어디에 있는지 잘 보라. 그리스인들 또한 지중해를 항해하기를 좋아해서 그들의 항해 중에 페니키아인들보다 조금 늦게 스페인으로 들어오게 되었다. 이 그리스 항해자들은 이베로족의 좋은 친구가 되었으며 그들에게 포도와 올리브를 경작하는 방법을 가르쳐 주었고, 로사스와 암뿌리아스라는 도시를 세웠다.

카르타고 시는 북아프리카에 있으며(지도 참조), 페니키아인들을 돕기 위하여 군대를 보내 왔다. 처음에 그들을 도운 것은 사실이지만 이후 그 카르타고 군대는 페니키아인들이 스페인에서 차지하고 있던 모든 도시들을 점령했다. 또한 발레아레스와 세르데냐 역시 점령하였다. 이런 이유로 해서 로마와 카르타고 간에 전쟁이 일어났다. 이 전쟁을 포에니 전쟁이라 한다.

카르타고인들 중에서 가장 유명한 장군이 한니발(Aníbal)인데, 그는 그의 군대를 이끌고 알프스 산을 넘어 이탈리아에 가서 칸나에서 로마인들을 격퇴시키는 위대한 업적을 이룩했다. 로마인들의 가장 훌륭한 장군은 코르넬리오 스키피온(Cornelio Escipión)으로, 그는 스페인에 와서 카르타고인들을 물리치고 그들의 도시와 식민지들을 점령했다.

04 LOS ROMANOS

Roma, después de derrotar a los cartagineses en las guerras púnicas, venció a otros muchos pueblos, y agrandó tanto sus dominios, que llegó a ser la nación más poderosa de la antigüedad. Su imperio se extendía por Europa, Asia y África.

Pero, a pesar de ser tan poderosa, tuvo que trabajar muchísimo hasta dominar a los españoles.

Cuando los romanos quisieron apoderarse de Lusitania, les paró los pasos el heroico Viriato. Este hombre, con un grupo de valientes, derrotó en muchas guerrillas a los ejércitos romanos. Nueve años duraron estas luchas. Viriato siempre salía triunfante, mientras que los generales romanos eran vencidos completamente. Para acabar con Viriato, los romanos acudieron a la traición. Prometieron mucho dinero a tres soldados de Viriato si le mataban. Estos traidores aprovecharon el momento en que Viriato dormía y le dieron muerte.

Al morir Viriato, su ejército se dispersó; pero algunos de sus mejores soldados se refugiaron en Numancia. Busca en el mapa dónde está Numancia.

Los romanos conquistaron primero Lusitania y luego quisieron conquistar Numancia. Pero allí estaban los valientes de Viriato y los romanos tuvieron que retroceder en muchas ocasiones. Hasta que, después de muchos años, el general romano Escipión Emiliano, con un ejército numeroso y bien disciplinado, consiguió entrar en Numancia; pero la encontró convertida en un montón de escombros. Sus defensores prefirieron quemar la ciudad y morir abrasados antes que caer en manos de los romanos.

Después de conquistar Numancia los romanos se apoderaron poco a poco de tada España. Al fin la dominaron totalmente y la convirtieron en una provincia del imperio romano. La dominación romana duró mucho tiempo en España. Durante esos años se hicieron grandes obras en nuestra patria, por ejemplo, grandes caminos, las llamadas calzadas romanas; magníficos puentes, como el de Alcántara; soberbios acueductos, como el de Segovia. Construyeron también ciudades, fortalezas, murallas, templos y teatros. Enseñaron a los españoles el latín, que luego se transformó en nuestra bella lengua española.

RESPONDE :

¿Por dónde se extendía el imperio romano? — ¿Quién fue el principal enemigo que encontraron los romanos en Lusitania? ¿Cómo murió Viriato? — ¿Dónde se refugiaron sus soldados? — ¿Qué general romano la conquistó? — ¿Qué enseñaron los romanos a los españoles?

 Note

* **tan(to) ~ que :** 매우 ~하여 ~하다 (영어의 *so ~ that*)
* **a pesar de ~ :** ~함에도 불구하고(=aunque)
* **tener que + inf :** ~해야만 한다(=deber)   * **mientras (que) ~ :** ~하는 동안에
* **acabar con A :** A를 처치하다   * **convertir A en B :** A를 B로 바꾸다
* **al fin :** 마침내, 드디어   * **transformarse en :** ~로 전환되다
* **la calzada romana :** 로마 시대에 로마인들이 돌을 깔아서 만든 길을 말한다.

04 로마인

로마는 포에니 전쟁에서 카르타고인들을 물리친 후 다른 많은 종족들에게도 승리하였으며 그들의 지배력을 넓혀서 고대의 가장 강력한 국가가 되기에 이르렀다. 로마 제국은 유럽, 아시아, 아프리카로 팽창했다.

그러나 그렇게 힘이 있었는데도 불구하고 스페인을 지배하기까지는 많은 군사력을 소비해야만 했다.

로마인들이 루시타니아를 점령하려 했을 때 영웅 비리아또가 그들의 앞길을 막았다. 이 사람은 아주 용감한 군대를 이끌고 수많은 전투에서 로마 군대를 물리쳤다. 이 전쟁은 9년 동안 계속되었다. 로마 장군들이 완전히 패배한 반면 비리아또는 승승장구했다. 비리아또를 죽이기 위해 로마인들은 반역을 유도하였다. 로마인들은 비리아또의 세 병사들에게 그를 죽인다면 많은 돈을 주겠다고 약속했다. 이들 반역자들은 비리아또가 잠자는 때를 이용하여 그를 죽였다.

비리아또가 죽자 그의 군사들은 뿔뿔이 흩어졌다. 그러나 몇몇의 훌륭한 병사들은 누만시아에 피신하였다. 누만시아가 어디에 있는지 지도에서 찾아보라.

Mérida의 원형 극장

Segovia의 로마식 수로

로마인들은 먼저 루시타니아를 정복하고 곧 이어 누만시아를 정복하려 했다. 그러나 거기에는 비리아또의 용감한 군사들이 있어서 로마인들은 수차례 후퇴하여야만 했었다. 수년이 지난 후 로마 장군 스키피온 에밀리아노는 잘 훈련된 수많은 병사를 이끌고 누만시아에 입성하였다. 그러나 그 도시는 폐허의 잿더미로 변해 있었다. 비리아또의 병사들은 로마인들의 손에 죽기보다는 도시를 불태우고 불에 타 죽기를 더 원했던 것이다.

　누만시아를 정복한 후에 로마인들은 점차 스페인 전 지역을 정복했다. 마침내 스페인을 완전히 점령하고 로마 제국의 한 지방으로 만들어 버렸다. 로마의 지배는 스페인에서 오랜 세월 동안 지속됐다. 이 기간 동안 우리의 조국에서는 거대한 공사가 행하여졌다. 예를 들면, 거대한 도로들과 소위 로마인의 포장 도로, 알깐따라의 다리와 같은 장엄한 다리들, 세고비아에 있는 것과 같은 훌륭한 상수도 등을 남겼다. 또한 도시, 성채, 성벽, 사원, 그리고 극장 등을 건설하였다. 로마인들은 스페인 사람들에게 라틴어를 가르쳐 주었는데, 이 라틴어가 후에 우리의 아름다운 스페인어가 되었다.

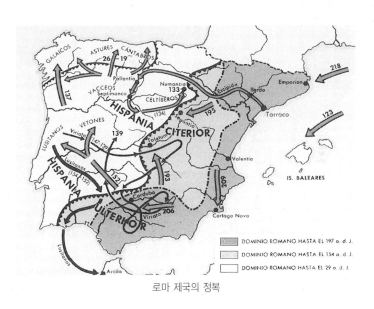

로마 제국의 정복

05 PRIMEROS HÉROES ESPAÑOLES

La Historia de España está llena de los hechos de hombres valientes y leales que derramaron su sangre por defender la libertad y la grandeza de la PATRIA. Tus abuelos, tus padres y tus profesores podemos contarte cómo lucharon y cómo murieron hace muy pocos años los defensores del Alcázar de Toledo, de Santa María de la Cabeza, de Oviedo, del Cuartel de Simancas y de otros sitios.

Ya hemos hablado de Viriato. Pero antes y después de él ha habido otros muchos, cuyos nombres han de estar siempre en las paginas de nuestra Historia. Por ejemplo, Istolacio, Indortes, Orisón, Indíbil y Mandonio. Istolacio, Indortes y Orisón lucharcn valerosamente contra los cartagineses, hasta caer muertos por defender la independencia de España.

Indortes fue cogido prisionero de los cartagineses y murió crucificado después de sufrir los más crueles suplicios.

Orisón venció a Amílcar Barca, padre del famoso general cartaginés Aníbal. La victoria de Orisón fue tan completa, que Amílcar Barca tuvo que huir para salvar su vida, pero murió ahogado al querer atravesar un río.

Indíbil y Mandonio guerrearon durante muchos años contra los romanos. Roma no sabía qué hacer para acabar con estos valientes españoles. Los mejores generales romanos vinieron a España para vencerlos; pero Indíbil y Mandonio al frente de sus soldados, demostraron a esos generales romanos que para apoderarse de España necesitaban mucho tiempo, muchas armas y muchos ejércitos. Pero entre todos los hechos gloriosos de nuestros primeros héroes, seguramente que el más sublime lo realizaron los bravos defensores de la ciudad de Sagunto.

Durante las Guerras Púnicas, Aníbal, al frente de sus tropas, avanzó sobre esta ciudad, decidido a conquistarla y a castigarla por ser aliada de los romanos.

Los saguntinos se defendieron audazmente; pero como eran pocos, y el ejército cartaginés era numerosísimo, pidieron ayuda a los romanos.

Pasaron muchos días y Roma no mandaba la ayuda pedida; por lo cual los saguntinos, viendo que la resistencia era inútil, determinaron rendirse, y enviaron emisarios al general Aníbal, para pedir condiciones de rendición. El soberbio general cartaginés puso tales condiciones, que los saguntinos, indignados, las rechazaron inmediatamente.

Durante ocho meses tuvieron a raya a todo el ejército cartaginés; al fin, cuando ya no quedaba ni un hombre capaz de disparar contra los enemigos, entró Aníbal en Sagunto, que ya no era ciudad, sino un montón de cenizas.

05 최초의 스페인 영웅들

스페인의 역사는 조국의 자유와 명예를 지키기 위해 피를 흘린 용감하고 충성스러운 사람들의 업적으로 가득 차 있다. 당신의 할아버지, 당신의 부모, 그리고 선생님인 우리들은 알까사르 데 똘레도, 오비에도의 산따 마리아 데 라 까베사, 꾸아르뗄 데 시만까스와 그 외 다른 장소의 병사들이 얼마 전에 어떻게 싸웠으며 어떻게 죽었는지를 이야기해 줄 수 있을 것이다.

이미 비리아또에 대해서는 말했다. 그러나 그 이전과 이후에도 다른 많은 사람들이 있으며 그들의 이름은 항상 우리 스페인 역사의 한 페이지를 장식할 것이다. 예를 들면, 이스폴라시오, 인도르떼스, 오리손, 인디빌, 그리고 만도니오가 그들이다.

이스폴라시오, 인도르떼스, 오리손은 스페인의 자주 독립을 수호하기 위해 죽을 때까지 카르타고인에 대항하여 용감하게 싸웠다.

인도르떼스는 카르타고인의 포로가 되어 가장 잔인한 고문을 받은 후에 십자가에 못 박혀 죽었다.

오리손은 그 유명한 카르타고의 장군 한니발의 아버지인 아밀까르 바르까(Amílcar Barca)를 이겼다. 오리손이 완승을 거두자 아밀까르 바르까는 자기 목숨을 부지하기 위해 도망가야 했는데 강을 건너다 익사하였다.

인디빌과 만도니오는 오랫동안 로마인에 대항하여 싸웠다. 로마는 이 용감한 스페인 사람들을 물리치기 위해 어떻게 해야 할지를 몰랐다. 로마의 훌륭한 장군들이 그들을 물리치고자 스페인에 왔다. 그러나 인디빌과 만도니오는 병사들의 선두에 서서 스페인을 점령하기 위해서는 얼마나 많은 시간과 무기와 군대가 필요한지를 그 로마 장군들에게 느끼게 해 주었다. 그러나 최초의 스페인 영웅들의 모든 훌륭한 업적들 가운데 사군또 시의 용맹한 수호자들이 가장 뛰어난 업적을 이룩했다는 것은 확실하다.

포에니 전쟁 시, 한니발은 로마와 동맹을 맺은 이 도시를 정복하고 응징하기로 마음먹고 군대의 선봉에 서서 이 도시로 진격해 나아갔다.

사군또 사람들은 용감히 맞섰으나 숫자가 적었다. 카르타고 군대는 숫자가 많았으므로 사군또 측은 로마인에게 원조를 요청했다.

여러 날이 흘렀으나 로마는 요청받은 지원군을 보내지 않았다. 그래서 사군또 사람들은 그들의 저항이 무용지물임을 깨닫고는 항복을 결정하고 항복 조건을 들어보기 위해서 한니발 장군에게 사신들을 보냈다. 그러나 오만한 카르타고의 장군은 무리한 조건들을 내놓았고, 이에 분개한 사군또 사람들은 즉각 그 조건들을 거절하였다.

8개월 동안 카르타고의 모든 군대와 단절되어 있다가 마침내 적을 향해 화살을 발사할 수 있는 사람이 한 명도 남아 있지 않았을 때 한니발은 사군또에 들어왔으나 그 곳은 이미 도시가 아니라 잿더미에 불과했다.

06 EL CRISTIANISMO

Jesucristo Nuestro Señor mandó a sus doce apóstoles que fueran por todo el mundo y enseñaran el Evangelio a todas las gentes.

El Apóstol Santiago pensó en España, y aquí vino. No sabemos cómo. Seguramente que algún comerciante fenicio le trajo en una de sus naves, y desembarcó en un puerto de Andalucía. Lo cierto es que aquí estuvo el glorioso Apóstol y que recorrió España de punta a punta enseñando a los españoles las verdades de la Fe y a amar a Dios sobre todas las cosas y al prójimo como a nosotros mismos. Desde Andalucía se dirigió Santiago hacia el Norte. En Galicia se detuvo bastante tiempo. Luego, siguiendo una de las calzadas romanas, pasó por Astorga, Palencia y llegó a Zaragoza.

En esta ciudad recibió la milagrosa visita de la Santísima Virgen. Una noche, cuando el Santo Apóstol descansaba y rezaba a orillas del río Ebro, acompañado de algunos de sus discípulos, vieron un gran resplandor en el cielo y, poco después, se les apareció Nuestra Señora que venía sobre un pilar de jaspe, acompañada de muchos ángeles. Nuestra Madre celestial animó mucho al Apóstol a seguir predicando, le regaló el sagrado Pilar y le dijo «que en esta tierra nunca faltarían verdaderos cristianos». Sobre el lugar de la aparición se ha levantado la hermosa basílica de Nuestra Señora del Pilar.

El Apóstol Santiago, después de haber predicado mucho en España, volvió a Jerusalén acompañado de algunos discípulos. Allí el rey Herodes Agripa le condenó a muerte por haber predicado el Evangelio. Sus discípulos recogieron el cadáver, lo embalsamaron y lo trajeron a España en una nave, que, impulsada por los vientos, fue a Galicia. Allí le sepultaron en un mausoleo. Durante mucho tiempo nadie supo dónde estaba, hasta que fue hallado milagrosamente por medio de unas luces, parecidas a estrellas, que brillaban sobre un campo. Por eso se llamó el lugar Campus Stellae, después Compostela. Desde entonces Santiago de Compostela ha sido lugar de peregrinación. De todas las partes del mundo vienen los fieles a postrarse ante el Apóstol y pedirle su protección.

RESPONDE :

¿En qué parte de España desembarcó Santiago? — *¿En qué regiones predicó?* — *¿En qué ciudad se le apareció la Virgen?* — *¿Dónde murió Santiago?* — *¿Cómo trajeron su cadáver a España?*

 Note

* **Nuestro Señor :** 하느님
* **Lo cierto es que ~ :** ~이 확실하다
* **dirigirse hacia el Norte :** 북쪽을 향해 가다
* **una noche :** 어느 날 저녁
* **Nuestra Señora :** 성모 마리아
* **hasta que ~ :** ~할 때까지
* **pensar en A :** A에 관하여 생각하다
* **de punta a punta :** 이곳 저곳으로

* **a orillas del río :** 강가에서
* **condenar a muerte :** 사형 선고하다
* **por medio de :** ~을 통하여
* **Santiago de Compostela :** 예수의 사도 산띠아고(야고보)의 무덤이 발견된 곳으로 중세 유럽의 중요한 성지 순례 도시였다. 스페인 북부 갈리시아 지방에 위치해 있다.

ⓄⒻ 그리스도교

우리 주 예수 그리스도는 세계 각지로 가 모든 사람들에게 복음을 전하라고 12명의 사도들에게 명령했다.

야고보(Santiago) 사도는 스페인을 생각하고 스페인으로 왔다. 그러나 어떻게 왔는지는 알 수 없다. 분명 어떤 페니키아 상인이 그를 자기의 상선 중의 하나에 태워와 안달루시아의 한 항구에 내려주었을 것이다. 이 영광의 사도가 이 곳에 있었으며 스페인 사람들에게 믿음의 진리와 모든 사물에 우선해서 하느님을 사랑하는 것과 우리 자신을 사랑하듯 이웃을 사랑하라는 것을 가르치면서 스페인 곳곳을 돌아다닌 것은 확실하다. 야고보는 안달루시아로부터 북쪽으로 향했다. 갈리시아에서 한동안 머문 다음 계속해서 로마인들이 닦아 놓은 길을 따라 아스또르가, 빨렌시아를 거쳐 사라고사에 도착했다.

이 도시에서 그는 성모 마리아의 기적적인 방문을 영접했다. 어느 날 밤, 제자들 몇 명을 데리고 사도가 에브로 강변에서 쉬면서 기도하고 있는데, 하늘에서 커다란 광채가 번쩍이더니 잠시 후에 많은 천사들을 거느리고 벽옥의 기둥 위로 성모 마리아가 그 앞에 나타나셨다. 성모 마리아는 사도에게 계속하여 복음을 전파하도록 많은 용기를 주셨으며 그에게 그 성스러운 기둥을 선사하시고 "이 땅에서는 진정한 그리스도 교도들이 결코 끊이지 않을 것이다"라고 그에게 말씀하셨다. 성모가 발현하셨던 곳에 '돌기둥의 성모 마리아'(Nuestra Señora del Pilar)라는 아름다운 교회가 세워졌다.(그림 참조)

예수와 **12**사도

야고보 사도는 스페인에서 많은 복음을 전파한 후에 몇 명의 제자들을 데리고 예루살렘으로 되돌아왔다. 그 곳에서 헤롯 아그리파 왕은 복음을 설교했다는 이유로 그를 사형에 처했다. 그의 제자들이 시신을 거둔 뒤 방부 처리하고, 배를 타고 스페인으로 옮기는 도중에 바람에 떠밀려 도착한 곳이 갈리시아였다. 제자들은 그곳 어딘가에 묘지를 썼다. 오래 뒤 어느 들판 위에서 빛나는, 마치 별빛 같은 빛에 의해 기적적으로 발견될 때까지 아무도 그 무덤이 어디에 있는지 몰랐었다. 그래서 그 곳을 '별들의 평야' (Campus stellae)라 불렀으며 후에 꼼뽀스뗄라(Compostela)가 된다. 그 때부터 산띠아고 데 꼼뽀스뗄라는 순례지가 되었다. 세계 각지에서 신도들이 사도 앞에 무릎을 끓고 그의 보호를 구하기 위해 몰려들었다.

'돌기둥의 성모 마리아'

07 LOS MÁRTIRES

Desde que existe la Iglesia Católica, siempre ha tenido enemigos que han querido hacerla desaparecer. Pero los que formamos la Iglesia no tenemos miedo, prorque Dios está con nosotros.

Aunque los primeros cristianos eran los mejores ciudadanos del imperio romano, sin embargo, los paganos les acusaban de que eran enemigos de la patria, porque no adoraban a los dioses del imperio.

Más de diez persecuciones hubo contra los primeros cristianos, y en ellas millares y millares de mártires. Pero esto, en vez de disminuir el número de cristianos lo aumentaba, porque cuantos más morían en el martirio, más paganos se convertían al Cristianismo «La sangre de los mártires — decía Tertuliano — es semilla de cristianos.»

En España hubo muchas persecuciones y muy gloriosos mártires; por ejemplo, San Fructuoso, San Vicente, Santa Eulalia, Santa Engracia, los Innumerables Mártires de Zaragoza, San Lorenzo, Santos Justo y Pastor, y otros muchos.

Los niños Justo y Pastor eran dos hermanitos buenos y simpáticos, que vivían en Alcalá de Henares. Justo tenía siete años, y Pastor, nueve. Un día oyeron decir en la escuela que había venido un gobernador romano, llamado Daciano, que quería obligar a todos los cristianos a ofrecer incienso a los ídolos, y que a los que no obedecieran los mandaría matar.

Los dos niños dijeron: «Pues ahora mismo vamos ante ese gobernador y le decimos que nosotros somos cristianos, y que no le obedeceremos porque hay que obedecer a Dios antes que a los hombres.》 Y así lo hicieron. El juez se puso furioso y mandó azotarlos, convencido de que unos niños tan pequeños no podrían resistir los tormentos. Pero se equivocó. Los soportaron muy bien, y además se animaban el uno al otro. Ciego de rabia al verse derrotado por dos niños, Daciano ordenó que los sacasen de su presencia, los llevasen fuera de la ciudad y les cortasen la cabeza. Los verdugos así lo hicieron. Era el 6 de agosto del año 304.

Cuentan las historias que cuando los llevaban al suplicio, Justo decía a su hermano: 《No tengas miedo, hermanito, de la muerte y de los tormentos, que Dios nos dará fuerzas para triunfar de los dolores que nos esperan.》 Y Pastor le contestaba: 《Dices bien, hermano mío: con gusto te haré compañía en el martirio para alcanzar contigo la gloria》.

Note

* **Desde que ~ :** ~한 이래로
* **acusar A de ~ :** ~에 대하여 A를 비난하다
* **en vez de ~ :** ~ 대신에(=en lugar de ~)
* **un día :** (과거) 어느 날
* **oír decir :** 말하는 것을 듣다
* **animarse el uno al otro :** 서로가 서로를 격려하다(상호동사)
* **ciego de rabia :** 노여움으로 눈이 먼

07 순교자들

가톨릭 교회가 존재한 이래로 항상 그것을 없애려 하는 반대 세력이 있었다. 그러나 교회를 형성하고 있는 우리들은 하느님이 함께 하시기 때문에 두려워하지 않았다.

최초의 그리스도교 신자들은 로마 제국의 가장 훌륭한 시민들이었음에도 불구하고, 이교도들은 그들이 로마 제국의 신들을 숭상하지 않는다 하여 그들을 조국의 적이라고 비난하였다.

최초의 그리스도 교도들에 대하여 열 번 이상의 박해가 있었으며 그러한 박해에서 수만 명의 순교자가 생겨났다. 그러나 이 일로 그리스도교 신자들의 숫자가 줄어들기는커녕 그 숫자가 점점 늘어 갔다. 왜냐 하면 순교자가 많이 나면 날수록 더 많은 이교도들이 그리스도교로 개종했기 때문이다. "순교자들의 피는 그리스도 교인들의 씨앗이다"라고 떼르뚤리아노는 말했었다.

스페인에서도 많은 박해가 있었으며 영광스러운 순교자들도 있었다. 예를 들면 산 후룩뚜오소, 산 비센떼, 산따 에우랄리아, 산따 엔그라시아, 사라고사의 수많은 순교자들, 산 로렌소, 성 후스또와 빠스또르, 그리고 그 외에도 많은 사람들이 있다.

어린 소년인 후스또와 빠스또르는 알깔라 데 에나레스에 살던 착하고 상냥한 형제였다. 후스또는 7살, 빠스또르는 9살이었다. 어느 날 이들은 학교에서 다시아노라고 불리는 로마의 통치자가 온다는 말을 들었는데, 그는 모든 그리스도교 신자들에게 억지로 우상을 숭배하도록 했으며 이에 복종하지 않는 자는 죽이도록 명령한 사람이었다.

두 어린이는 말했다. "그럼 지금 당장 그 통치자 앞에 가서 그에게 우리는 그리스도 교인이고 사람에게 복종하기에 앞서 하느님께 복종해야만 하므로 당신께 복종할 수 없습니다라고 하자." 그리고 그들은 그렇게 했다. 판사는 화가 났고 어린이들이 너무 어려 고통을 견뎌 낼 수 없을 거라고 생각하며 그들을 매질

하라고 명령했다. 그러나 그는 잘못 생각한 것이다. 그들은 매우 잘 견뎌 냈으며 더욱이 서로에게 용기를 주었다. 이 두 어린이에게 패배하자 노여움에 눈이 먼 다시아노는 자기 면전에서 두 어린이를 끌어 내도록 했으며 그들을 도시 밖으로 데려가서 목을 자르라고 명령했다. 사형 집행인들은 그렇게 그 일을 행하였다. 이 때가 304년 8월 6일이었다.

고통받을 때, 후스또는 그의 형에게 "형, 죽음과 고통을 두려워 하지마. 우리를 기다리는 고통을 극복할 수 있는 힘을 하느님께서 우리에게 주실거야"고 말했다고 역사는 전한다. 그리고 빠스또르가 동생에게 대답했다. "알았어, 동생아. 너와 함께 영광에 이르기 위해 기꺼이 순교자의 길에 너와 함께 할께."

순교자들

08 LOS BÁRBAROS

Durante varios siglos el Imperio Romano conservó su poder y su grandeza. Pero poco a poco los soldados y, en general, el pueblo romano, fueron perdiendo aquellas energías y aquellas virtudes que los habían hecho los dueños del mundo. Al llegar el siglo V daba pena ver la falta de autoridad que había en Roma.

Precisamente en este siglo V, los bárbaros que vivían en los bosques del Centro y Norte de Europa, y que eran pueblos de vida sobria y acostumbrados a la guerra, intentaron penetrar en el imperio romano para ser ellos los amos y señores de ese imperio.

Los ejércitos romanos no pudieron detenerlos; todo aquel que intentara oponerse a su avance moría al filo de sus espadas o aplastado al paso de sus caballos.

Los primeros bárbaros que entraron en España fueron los vándalos, los suevos y los alanos. Eran ferocísimos; todo lo que encontraban a su paso era saqueado, quemado y destruido.

Luego vinieron los visigodos. Estos no eran tan brutos; tenían costumbres más suaves y muchos de ellos se habían convertido al cristianismo, pero no eran católicos, sino herejes arrianos. Su rey, Ataúlfo, hizo a Barcelona la capital de su reino. Otro rey importante de los visigodos fue Leovigildo, que se apoderó de toda España. Era muy inteligente y valeroso, pero se portó mal con su hijo Hermenegildo, que era un joven enérgico, listo y hábil para el gobierno. Aunque era arriano, estaba casado con una princesa católica.

La madre de Hermenegildo era arriana intransigente, y no dejaba en paz a la princesa. Para evitar disgustos, Leovigildo, mandó a su hijo a Sevilla. Allí, Hermenegildo, movido por las oraciones y los deseos de su esposa y por los acertados consejos del arzobispo San Leandro, se hizo católico. Al enterarse Leovigildo se disgustó mucho y quiso apoderarse de su hijo. Por este motivo estalló la guerra entre padre e hijo. Hermenegildo fue vencido y hecho prisionero. Le llevaron a una cárcel de Valencia. Su padre quiso que se hiciera otra vez arriano. San Hermenegildo se negó rotundamente. Su padre, furioso, mandó cortarle la cabeza.

Note

* **estar acostumbrado a ~ :** ～에 익숙해지다(acostumbrarse a ～)
* **oponerse a :** ～에 반대하다
* **convertirse al cristianismo :** 기독교로 개종하다
* **portarse mal(bien) con ~ :** ～에게 나쁘게(좋게) 대하다, 행동하다
* **al + inf :** ～할 때(＝cuando)
* **estallar la guerra :** 전쟁이 발발하다

08 야만족

수세기 동안 로마 제국은 그들의 힘과 권력을 유지했다. 그러나 차츰차츰 병사들과 대부분의 로마 국민들은 그들을 세계의 주인이 될 수 있게 해주었던 역량과 미덕을 잃어 가고 있었다. 5세기가 되었을 때 로마의 힘은 형편없이 무너져 버렸다.

바로 이 5세기에 중앙유럽과 북유럽 삼림지대에 살았고 전쟁에 능하며 거친 생활을 하던 종족인 야만족들이 로마 제국의 주인이 되기 위해 제국에 침투하려고 했다.

로마의 군인들은 그들을 막을 수가 없었다. 그들의 앞길을 막으려고 하는 모든 것들은 그들의 칼날 앞에 죽거나 말발굽에 밟혀 죽었다.

스페인에 들어왔던 최초의 야만인들은 반달족, 수에브족, 그리고 알라노족이었다. 그들은 아주 잔인했다. 그들은 지나가는 곳에서 발견한 모든 것을 약탈하고 불태우고 파괴했다.

그 후 서고트족이 들어왔다. 이들은 그렇게 난폭하지는 않았다. 그들은 훨씬 유순한 관습을 지니고 있었고 그들 중의 많은 사람들이 그리스도교로 개종했지만 그들은 그리스도 교인이 아니었고 아리우스라는 이단이었다. 그들의 왕인 아타울포는 왕국의 수도를 바르셀로나로 정했다. 서고트족의 또 다른 중요한 왕은 스페인 전역을 점령한 레오비힐도이다. 그는 매우 현명하고 용감하였지만, 활동적이고 영민하며 통치에 유능한 젊은이였던 그의 아들 에르메네힐도에게는 나쁘게 행동하였다. 에르메네힐도는 아리우스교도였지만 가톨릭 국의 왕녀와 결혼했다.

에르메네힐도의 어머니는 아리우스교 강경파였으며 공주를 조용히 내버려 두지 않았다. 이런 갈등을 피하기 위해 레오비힐도는 그의 아들을 세비아로 보냈다. 거기서 그의 아내의 기도와 소망에 의해, 그리고 대주교 산 레안드로의 충고에 움직인 에르메네힐도는 가톨릭으로 개종하게 된다. 이 사실을 알게 된 레오비힐도는 매우 못마땅하여 아들의 모든 것을 빼앗으려 했다. 이런 이유로 해서 아버지와 아들 사이에 전쟁이 일어났다. 에르메네힐도는 패배했고 포로가 되었다. 아버지는 그를 발렌시아 감옥으로 데려갔다. 아버지는 아들이 다시 아리우스교로 개종하기를 권했다. 성 에르메네힐도는 단호하게 거절했다. 이에 화가 난 아버지는 그의 목을 자르도록 명령했다.

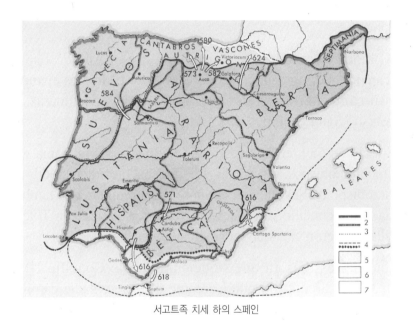

서고트족 치세 하의 스페인

09 RECAREDO

En los últimos años de su vida, Leovigildo dio a entender que se arrepentía de lo que había hecho con su hijo Hermenegildo. Además, comprendió que el que quiera gobernar bien a España tiene que ser católico, apostólico y romano. Tan convencido estaba de esto que aconsejó a su hijo Recaredo que se hiciera católico.

Al morir Leovigildo, le sucedió en el gobierno de España Recaredo, que, siguiendo los consejos de su padre, los ejemplos de su santo hermano Hermenegildo y las enseñanzas del arzobispo San Leandro, se hizo católico.

Era el año 589; en la ciudad de Toledo se celebraba una gran reunión de obispos, sacerdotes y religiosos, presididos todos por el arzobispo de Sevilla, San Leandro. Esta reunión, que también se la llama concilio, era la tercera vez que se reunía en Toledo. A ella asistieron el rey, la reina y los nobles visigodos.

Uno de los días en que se celebraba este Concilio III de Toledo, Recaredo dijo públicamente que él se hacía católico, que renunciaba para siempre al arrianismo y que quería vivir y morir dentro de la verdadera Iglesia de Jesucristo. La reina y los nobles siguieron su ejemplo. Y cuando supieron la noticia, todos los demás visigodos hicieron lo mismo.

Fue un día de triunfo para los españoles; las campanas de las iglesias tocaron a gloria. San Leandro pronunció un famoso sermón, en el que habló de la gran alegría que sentía la Iglesia al ver que un nuevo pueblo, el visigodo, entraba a formar parte de la familia católica.

Por todos estos acontecimientos, el III CONCILIO de TOLEDO es el hecho más importante del reinado de Recaredo, y el año 589 ha quedado señalado como uno de los más gloriosos de la Historia de nuestra católica España.

RESPONDE :

¿De quién era hijo Recaredo? — ¿En qué año se convirtió pública y solemnemente? — ¿Qué asamblea reunió para este acontecimiento? — ¿Quién influyó en su conversión? — ¿Quién presidió el III Concilio de Toledo? — ¿Por qué debemos recordar siempre el año 589?

서고트족의 훌륭한 은세공
솜씨를 보여 주는 왕관

 Note

* **arrepentirse de ~ :** ~을 후회하다
* **estar convencido de ~ :** ~을 깨닫다
* **el concilio :** 종교 회의
* **asistir a la reunión :** 회의에 참가하다
* **formar parte de ~ :** ~의 일부를 형성하다

09 레까레도

레오비힐도는 말년에 들어서서 그의 아들 에르메네힐도에게 저지른 행동에 대해 후회하기 시작했다. 게다가 그는 스페인을 잘 다스릴 수 있는 사람은 그리스도 교인이며 사도인 동시에 로마인이 되어야 한다는 것을 깨달았다. 이러한 것을 깨달은 그는 아들 레까레도에게 그리스도교로 개종하도록 충고했다.

레오비힐도가 죽었을 때 스페인의 통치권을 계승한 레까레도는 아버지의 충고와 형인 성 에르메네힐도의 전례와 대주교 산 레안드로의 가르침을 따라 그리스도교로 개종했다.

그 때가 589년이었다. 똘레도 시에서는 세비야의 대주교인 산 레안드로의 주재 하에 주교, 사제, 종교인들이 모인 큰 회의가 개최되었다. 종교 회의라고 칭하기도 하는 이 모임은 똘레도에서 세 번째로 개최되는 것이었다. 이 모임에는 왕과 여왕, 서고트 족 귀족들이 참석하였다.

똘레도 제3차 종교 회의가 개최되던 어느 날, 레까레도는 공식적으로 자신은 가톨릭으로 개종하고 아리우스교를 영원히 배척하며 진정한 예수 그리스도 교회 안에서 살고 죽기를 원한다고 말했다. 여왕과 귀족들은 그의 전례를 따랐다. 그리고 이 소식이 알려지자 그 밖의 모든 서고트 사람들도 그리스도교로 개종했다.

스페인 사람들에게 승리의 날이었다. 영광을 알리는 교회의 종이 울렸다. 산 레안드로는 유명한 설교를 했는데, 그 설교에서 그는 서고트 족이라는 새로운 족속이 가톨릭의 일원이 되는 것을 보면서 교회가 갖는 커다란 기쁨에 대하여 말했다.

이러한 모든 사건으로 인하여 똘레도 제3차 종교 회의는 레까레도 치세 중에서 가장 중요한 업적이며, 589년은 스페인의 가톨릭 역사상 가장 영광스러운 한 해가 되었다.

10 SAN ISIDORO

San Isidoro era hermano de San Leandro, y fue también arzobispo de Sevilla, después de haber sido monje, abad de un monasterio y maestro de la escuela monástica.

De su niñez se cuenta una interesante anécdota. Frecuentaba la escuela de su hermano mayor San Leandro. Desanimado cierto día porque no aprendía las lecciones y por las dificultades de los primeros estudios, se escapó de casa.

Después de andar errante bastante tiempo sin saber a dónde dirigirse, fue a sentarse junto al brocal de un pozo. Llamó su atención el surco formado en la piedra por el roce de la cuerda, y pensó: «Si una cuerda tan débil ha podido desgastar de este modo la dura piedra, ¿no podré yo vencer las dificultades del estudio?»

Inmediatamente volvió a su casa, siguió estudiando y aprovechó tanto en los estudios, que llegó a ser el hombre más sabio de su tiempo. Se le llamó el Salomón de España.

San Isidoro es famoso por su ciencia y, sobre todo, por los libros que escribió, y porque en esos libros está encerrado todo lo que se sabía en su tiempo. Durante varios siglos todos los sabios de Europa estudiaron en los libros de San Isidoro. Su libro más importante es el que tituló "Etimologías".

Si San Isidoro no hubiera escrito sus libros, muchas de las cosas que enseñaron los antiguos se hubieran perdido o se habrían olvidado. Por eso la ciencia y la cultura deben mucho a este sabio español.

A todos estos títulos de gloria añadió San Isidoro el de ser un vigilante pastor de las almas y un extraordinario defensor, propagador y organizador de la Iglesia Católica en España. Y esto lo debió, sobre todo, a su eminente santidad.

Numerosos obispos de España y de Europa acudieron a él, pidiéndole consejo para el buen gobierno de sus diócesis.

Presidió varios de los Concilios celebrados en Toledo. Era tanta la influencia que ejercía por su ciencia y por su virtud que, cuando él exponía su opinión, con suma facilidad se acallaban y terminaban las discusiones en estas asambleas.

San Isidoro murió en Sevilla el año 636. Cuando se acercaban sus últimos momentos, mandó que le llevaran a la iglesia de San Vicente. Allí, con mucha humildad, pidió perdón al pueblo, que le contemplaba entre sollozos, pues quería mucho a su santo y sabio obispo, y luego, vestido con hábitos de penitente, se dispuso a entregar su espíritu al Señor. Sus preciosas reliquias se conservan en la bella basílica de San Isidoro, de León.

 Note

* **andar errante :** 정처 없이 돌아다니다, 방랑하다
* **el hermano mayor :** 형(↔ el hermano menor 동생)
* **escaparse de casa :** 집으로부터 도망하다(가출하다)
* **llamar su atención :** 주의를 끌다
* **Etimologías :** 「어원학」. 산 이시도로의 대표적인 작품. 고대의 모든 지식을 체계적으로 분류해서 집대성한 백과 사전으로 이 책이 없었다면 고대 문화의 대부분이 상실되었을 것이다.
* **Si~ hubiera escrito, se habrían olvidado :** 과거 사실에 반대되는 가정문(동사 시제에 주의해야 함)
* **pedir perdon :** 용서를 구하나
* **el hábito :** 의복(성직자들의)
* **disponerse a + *inf* :** ~할 준비가 되다

⑩ 산 이시도로

산 이시도로는 산 레안드로의 형제였으며, 수도사이자 신학교의 선생이었으며, 수도원의 원장이 된 후에 또한 세비야의 대주교이기도 했다.

그의 유년 시절에 대한 재미있는 일화가 하나 전해진다. 그는 그의 형 산 레안드로의 학교에 자주 가곤 했었다. 내용도 배우지 않았고, 처음 배우는 공부가 어려워서 어느 날 실망하여 집을 뛰쳐나가게 되었다.

오랫동안 정처 없이 방황하다 어느 우물가에 앉게 되었다. 밧줄의 마찰에 의해 돌에 생긴 작은 고랑이 그의 관심을 불러일으켰고, 그는 다음과 같이 생각하였다. '저토록 약한 밧줄이 단단한 돌을 이렇게 닳게 할 수 있었는데 난 학문의 어려움을 극복할 수 없을까?'

그는 즉시 집으로 돌아와 학문을 계속하였고, 학문이 향상되어 그 시대의 가장 박식한 사람이 되기에 이르렀다. 사람들은 그를 스페인의 솔로몬이라 불렀다.

산 이시도로는 그의 학문과 특히 그가 쓴 책들로 유명하다. 왜냐 하면 그 책들에는 그 당시에 알려져 있던 모든 지식이 결집되어 있기 때문이다. 수세기 동안

San Vicente 교회

레온 지방의 **San Isidoro** 대성당

유럽의 모든 학자들은 산 이시도로의 책으로 공부하였다. 가장 중요한 그의 저서는 「어원학(Etimologías)」이란 책이다.

만약에 산 이시도로가 책을 쓰지 않았더라면, 고대인들이 가르쳤던 많은 것들이 상실되었거나 잊혀졌을 것이다. 그러기에 이 스페인 현인은 학문과 문화에 크게 기여한 것이다.

산 이시도로의 이러한 모든 영예로운 칭호에 덧붙여야 할 것은, 영혼을 감시하는 목자, 그리고 스페인에서 가톨릭 교회의 특별한 수호자, 전파자, 그리고 창설자 등이다. 그리고 이러한 점은 무엇보다도 그의 빼어난 성스러움에 기인한다.

스페인과 유럽의 수많은 주교들은 그를 찾아가 그들의 교구들을 잘 이끌기 위한 조언을 요청하기도 하였다.

그는 똘레도에서 열린 많은 종교 회의를 주재하였다. 그의 학문과 미덕의 영향은 아주 커서 그가 의견을 개진하면 곧 사람들은 입을 다물어버리고 토론을 마무리하곤 했다.

산 이시도로는 636년에 세비야에서 숨을 거두었다. 그는 임종의 순간이 가까워 오자, 그를 산 비센떼 성당으로 데려가 달라고 했다. 거기서 그는 성스럽고 현명한 주교를 매우 사랑하여 바라보며 서러워하는 사람들 속에서 겸허하게 용서를 청한 뒤 참회복을 입고 하느님께 영혼을 바칠 준비를 하였다. 그의 소중한 유물들은 레온에 있는 아름다운 산 이시도로 대성당에 보관되어 있다.

11 LOS ÚLTIMOS REYES VISIGODOS

Hubo muchos reyes godos; ya conoces a Ataúlfo, que puso la capital de su reino en Barcelona, y a Leovigildo, que conquistó toda España, y a Recaredo, que se hizo católico en el III Concilio de Toledo.

Ahora te quiero hablar de Wamba, Egica y Don Rodrigo.

Wamba era un hombre bueno, pacífico, de esos que no les gusta meterse en negocios ajenos. Según la leyenda, se encontraba arando sus tierras cuando fueron a decirle que los nobles le habían elegido rey. Wamba no quería serlo y decía que era ya anciano; pero al fin no tuvo más remedio que aceptar.

Lo hizo muy bien de rey; fue valiente, inteligente y buen organizador. Derrotó a algunos puebols bárbaros, por ejemplo, a los francos, que querían meterse en España pasando los Pirineos.

Derrotó también a los moros que querían pasar el estrecho de Gibraltar y apoderarse de España.

Según una ley visigoda, los reyes tenían que tener el cabello largo y no tenían que cortárselo nunca. Un noble, llamado Ervigio, que quería ocupar el puesto de Wamba, le dio a beber un narcótico; Wamba se adormeció; este momento lo aprovechó Ervigio para mandar cortarle el cabello. Cuando Wamba volvió en sí, creyó que ya no podía seguir siendo rey y se retiró a un convento, donde murió.

Egica reinó después del ambicioso y traidor Ervigio.

El malestar que había en España cuando Egica subió al trono era muy grande; los nobles y los grandes señores no se sometían a las órdenes del rey, y sólo pensaban en aumentar sus tesoros.

Por otra parte, los enemigos de nuestra Patria animaban a los árabes del Norte de África, prometiéndoles su ayuda para que pasaran el Estrecho de Gibraltar y se apoderaran de España. Los árabes lo intentaron, pero Egica los derrotó e hizo volver a África.

A Egica le sucedió su hijo Witiza, que aceleró más la decadencia y ruina del reino visigodo.

Don Rodrigo fue el último rey visigodo. Su reinado fue breve y lleno de contratiempos; hasta que, al fin, pereció él y todo el reino visigodo.

Era el año 711; los moros, que ya en varias ocasiones habían intentado apoderarse de España, esta vez lo consiguieron. Pasaron el estrecho de Gibraltar ayudados por el traidor Conde Don Julián, gobernador de Ceuta, y comenzaron a invadir España. Don Rodrigo intentó detenerlos, pero fue inútil. Algunos de sus generales le traicionaron y se pasaron al enemigo. Y en la batalla que dio a los moros junto al río Guadalete, el ejército visigodo quedó totalmente vencido y tuvo que huir vergonzosamente derrotado. El mismo Don Rodrigo desapareció en la huida, sin que volviera a saberse más de él.

11 서고트족 최후의 왕들

많은 고트족 왕들이 있었다. 바르셀로나에 왕국의 수도를 세웠던 아타울포, 스페인 전 지역을 정복한 레오비힐도, 그리고 똘레도 제3차 종교 회의에서 그리스도교로 개종한 레까레도 등은 이미 알고 있는 바이다.

이제 왐바, 에히카, 그리고 돈 로드리고에 대해 말하려 한다.

왐바는 남의 일에 참견하는 것을 싫어하는 사람들 중의 한 명으로 정직하고 온화한 사람이었다. 일설에 의하면 귀족들이 그를 왕으로 선출했다는 것을 알리러 갔을 때 그는 자기 땅을 경작하고 있었다고 한다. 왐바는 왕이 되기를 원치 않으며 자기는 이미 늙었다고 말했으나 결국에는 수락할 수밖에 없었다.

그는 왕으로서의 역할을 잘 해냈다. 용감하고 지혜로우며 매우 훌륭한 통치자였다. 그는 몇몇 오랑캐들을 섬멸하기도 했는데 예를 들면 피레네 산맥을 넘어 스페인에 침입하려 했던 프랑코족을 물리친 바 있다.

또한 지브롤터 해협을 넘어 스페인을 침략하려 했던 모로족들도 물리쳤다.

서고트족의 법률에 의하면 왕은 머리를 길게 길러야 했으며 절대로 머리카락을 잘라서는 안 되었다. 에르비히오라 불리는 한 귀족이 왐바의 자리를 차지하려고 그에게 마취제를 마시게 하였다. 그리고 그가 잠든 사이에 그의 머리카락을 잘라 버렸다. 깨어났을 때 그는 자신이 더 이상 왕 노릇을 할 수 없음을 깨닫고 수도원으로 은신하여 그 곳에서 생애를 마쳤다.

에히카가 그 야심에 가득 찬 배신자 에르비히오의 뒤를 이어 통치했다.

그가 왕위에 오를 당시 스페인에 있었던 불만들이 점점 더 거세게 일고 있었다. 귀족들과 고관대작들은 왕의 명령에 복종하지 않았으며 단지 자신들의 부를 축적하는 데만 몰두했다.

한편 스페인의 적들이 북아프리카의 아랍인들에게 지브롤터 해협을 건너 스페인을 점령할 수 있도록 원조한다는 약속을 하며 부추겼다. 아랍인들은 그것을 시도했으나 에히카가 그들을 물리쳐 다시 아프리카로 쫓아 버렸다.

그의 뒤를 이어 아들 위띠사가 계승하는데 그는 서고트 왕국의 쇠퇴와 붕괴를 가일충 촉진시켰다.

돈 로드리고는 서고트족 최후의 왕이었다. 그의 치세는 짧았고 다사 다난했으며 그럼으로써 결국 그도 전체 서고트족 왕국도 사라지게 되었다.

이미 여러 번 스페인을 점령하려 했던 모로인들은 711년에 마침내 성공하기에 이른다. 세우따의 지사인 반역자 돈 훌리안 백작의 도움으로 지브롤터 해협을 건너 스페인을 침략하기 시작했다. 돈 로드리고는 그들을 저지하려 했으나 헛된 일이었다. 그의 부하 장군 몇몇이 그를 배신하여 적의 편이 되었다. 구아달레떼 강 유역에서 있었던 모로인들과의 전투에서 서고트 군은 대패하여 수치스럽게 도주해야만 했었다. 돈 로드리고 자신도 퇴각 중에 실종되었으며, 다시는 그에 대해서 아무도 알 수 없었다.

12 LA RECONQUISTA

Después de la batalla del Guadalete, los moros se apoderaron muy fácilmente de España, porque los españoles no estaban unidos. Un rinconcito de Asturias, rodeado de altas montañas, se vio libre de la invasión. En él se reunió un grupo de valientes españoles que se propuso salvar a España. Eligieron por caudillo a Don Pelayo y se prepararon para la lucha. Una cueva muy bien situada les servía de refugio: se llamaba Covadonga.

Al saber el gobernador moro de Gijón que había en las montañas un grupo de rebeldes, mandó allí un gran ejército. Los españoles se colocaron, unos en la Cueva y otros en lo más alto de la montaña. En medio de un furioso combate, las flechas que lanzaban los moros rebotaban en las peñas y se volvían contra ellos; del lugar invisible de la cueva salían más flechas, y de lo alto de la montaña caían rodando enormes piedras que aplastaban a muchos moros. A todo esto se añadió una terrible tormenta, que arrastró con sus aguas a los moros que intentaron escalar la montaña.

Con esta famosa batalla de Covadonga comenzó la guerra de la Reconquista, que duró más de setecientos años.

Hubo en esta guerra tan larga grandes reyes y héroes gloriosos.

En esta lección sólo te voy a nombrar los hechos más importantes, a saber; 1.° La conquista de Toledo por el rey Alfonso VI el año 1085. 2.° La batalla de las Navas de Tolosa, ganada por Alfonso VIII el año 1212. 3° Las conquistas de Jaén, Córdoba y Sevilla por Fernando III, el Santo. Y 4.° La conquista de Granada por los Reyes Católicos el año 1492, que puso fin a la guerra, al ondear por vez primera sobre la Alhambra, junto al estandarte de la Cruz, el pendón de Castilla.

RESPONDE :

¿Dónde empezó la Reconquista? — ¿Qué entiendes tú por Reconquista? — ¿A quién eligieron rey los españoles al comenzar la Reconquista? — ¿Cuál fue la primera batalla?

 Note

* **verse libre de invasión :** 침략에서 벗어나다(=estar libre ~)
* **rinconcito : el rincón**의 축소사
* **la Reconquista :** 국토 회복 운동, 718~1492. 모로인들이 점령한 스페인을 재탈환하고자 스페인 사람들이 일으킨 운동으로 718년 꼬바동가 전투로 시작되었다. 1002년에 유명한 모로인 장군 알만소르(Almanzor)가 죽자 본격적인 국토 회복 운동이 전개되어 1492년에 가톨릭 국왕 부처(**Los Reyes Católicos** : 이사벨과 페르난도 국왕 부처)가 그라나다를 재탈환함으로써 종지부를 찍게 된다.
* **proponerse + inf :** ~할 계획을 하다, 시도하다
* **a saber :** 다시 말해서(=es decir), 즉
* **estar rodeado de :** ~로 둘러싸이다
* **escalar la montaña :** 산을 기어오르다

⑫ 국토 회복 운동

구아달레떼 전투 이후로 모로인들은 매우 쉽게 스페인을 손아귀에 넣게 되었다. 왜냐 하면 스페인 사람들이 단합을 이루지 못했기 때문이었다. 높은 산들로 둘러싸인 아스투리아스 지방의 어느 구석진 마을은 침략을 받지 않았다. 그 곳에서 스페인을 탈환하려고 하는 용감한 스페인 사람들로 된 모임이 결성된다. 그들은 돈 뻴라요를 대장으로 선출하고 전쟁 준비를 했다. 매우 좋은 위치에 있었던 동굴 하나가 그들의 은신처가 되었다. 이 곳을 꼬바동가라고 한다.

히온의 모로인 총독은 산에 반란군들이 있다는 것을 알고는 그 곳에 대부대를 투입했다. 스페인 사람들은 일부는 동굴에, 그리고 일부는 산의 가장 높은 곳에 배치되었다. 격렬한 전투 속에서 모로인들이 쏜 화살들이 바위에서 튕겨져 나와서 다시 그들을 향해 돌아갔으며, 동굴의 보이지 않는 곳으로부터 많은 화살들이 쏟아져 나왔으며, 산 꼭대기로부터 거대한 돌덩어리들이 굴러 떨어져 많은 모로인들을 압사시켰다. 설상가상으로 산을 기어오르려던 모로인들은 세찬 폭우에 미끄러져 떨어지고 말았다.

국토 회복 운동의 지리적 상황

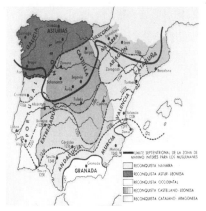

국토 회복 운동의 시대적 상황

꼬바동가의 이 유명한 전투로 국토 회복 운동이 시작되었으며 이 전쟁은 700년 이상 지속되었다.

장기간에 걸친 이 전쟁에는 위대한 왕들과 훌륭한 영웅들이 있었다.

여기에서는 단지 가장 중요한 업적들만 지적하려 한다. 즉, 첫째, 알폰소 6세는 1085년 똘레도를 점령하였고, 둘째, 알폰소 8세는 1212년 나바스 데 똘로사 전투에 승리하였고, 셋째, 성 페르난도 3세는 하엔, 꼬르도바, 세비야를 탈환하였다. 그리고 넷째, 가톨릭 국왕 부처는 1492년 그라나다를 정복하였으며, 이로 인해 알함브라 궁전에 삽자군의 깃발과 함께 까스띠야 왕국의 깃발이 처음으로 휘날리게 되었고, 전쟁은 끝났다.

꼬바동가 : 동굴에 세워진 작은 성전

13 EL CID CAMPEADOR

Su nombre era Don Rodrigo Díaz de Vivar, pero los moros le llamaban Cid, que quiere decir señor; y los cristianos, Campeador, es decir, vencedor en los combates.

Este gran hombre nació en Vivar, aldea próxima de Burgos. Tenía un carácter enérgico y al mismo tiempo cariñoso; era serio, sufrido, noble, leal y caballeroso. Por sus brillantes cualidades de guerrero siempre victorioso y por las numerosas hazañas que realizó, fue el héroe más famoso y conocido de toda la Reconquista.

Comenzó su vida militar al servicio del rey Don Sancho; y al morir éste traidoramente asesinado, se puso a las órdenes del nuevo rey Don Alfonso VI, el que conquistaría Toledo. Pero antes de ponerse a su servicio, el Cid, en nombre de todos sus compañeros, obligó a Don Alfonso VI a que jurara que no había sido el causante de la muerte del rey Don Sancho.

Desde este hecho, que se conoce con el nombre de《Jura de Santa Gadea》, Alfonso VI trató con mucha desconsideración al Cid y lo desterró de sus dominios. El buen Cid tuvo que separarse de su mujer, Doña Jimena, y de sus hijas Doña Elvira y Doña Sol; el dolor de la despedida fre muy grande. Acompañado de 300 guerreros castellanos, se fue a tierras de moros.

Detrás iban los guerreros a caballo; delante, el Cid sobre su brioso Babieca, que piafaba orgulloso de llevar a tal señor. Así recorrió las llanuras de la Meseta Castellana y llegó hasta Zaragoza, y luego a Lérida y Barcelona. Cuando algún enemigo les salía al paso, el Cid presentaba la batalla, y era tanto su valor y su pericia en la lucha que no hubo quien le resistiera.

Su hazaña más importante fue la conquista de Valencia. Esta bella ciudad del Mediterráneo estuvo durante muchos años en poder de los moros.

Después de conquistada, el Cid no se hizo el amo de ella, sino que se la ofreció al rey Don Alfonso VI y sólo aceptó el cargo de gobernarla en nombre del rey. Así pagaba el leal Campeador los desprecios y sinsabores que había recibido de Don Alfonso. Varias veces quisieron los moros reconquistarla, pero el Cid los rechazó siempre valientemente.

Agotado por tantas luchas y enfermo de fiebres, murió Don Rodrigo Díaz de Vivar el año 1099; su sepulcro se encuentra en la catedral de Burgos.

 Note

* **Don Rodrigo Díaz de Vivar :** 돈 로드리고 디아스 데 비바르. 보통 역사적으로 엘 시드(아랍어로 존경을 표하는 경칭 : **el señor**)로 알려진 인물이다. 스페인 문학 최초의 작품으로 서사시 티 **Cantar de Mío Cid**가 유명하다.
* **querer decir :** 의미하다
* **a las órdenes de ~ :** ~의 지휘 하에, ~의 명령 하에
* **ponerse a su servicio :** 그를 섬기다
* **en nombre de :** ~의 이름으로
* **ir a caballo :** 말을 타고 가다
* **en poder de ~ :** ~의 수중에 있는
* **encontrarse = estar(verse, hallarse):** ~에 위치하다

⑬ 위대한 무사 시드

그의 이름은 돈 로드리고 디아스 데 비바르였으나 모로인들은 그를 '주인'을 뜻하는 단어인 '시드(Cid)'라고 불렀으며, 그리스도 교인들은 그를 전투의 승리자를 의미하는 '깜뻬아도르'(Campeador)라고 불렀다.

이 위대한 인물은 부르고스의 인근 마을인 비바르에서 태어났다. 그는 활달하면서도 다정 다감한 성격의 소유자였다. 그는 진지하고 참을성이 많았으며 기품이 있고 충성스러운 기사였다. 언제나 승리하는 무사로서의 훌륭한 그의 자질과 그가 세운 수많은 무훈으로 인해 그는 전 국토 회복 전쟁 중에서 가장 유명하고 잘 알려진 영웅이었다.

그의 무사 생활은 돈 산초 왕을 섬기면서 시작되었다. 그리고 산초 왕이 배신으로 암살되었을 때 신왕 돈 알폰소 6세의 휘하에 들어갔는데 그는 똘레도를 정복한 인물이다. 그러나 섬기기에 앞서 엘 시드는 그의 모든 동료 전사들의 이름으로 돈 알폰소 6세에게 돈 산초 왕을 암살한 장본인이 아니라는 것을 맹세하라고 명령했다.

'산타 가데아 맹세'라는 이름으로 알려진 이 사건 이후로 알폰스 6세는 엘 시드를 아주 거들떠보지도 않았고, 그를 그의 영토에서 추방시켰다. 우리들의 시드는 그의 부인 도냐 히메나와 그의 딸들 도냐 엘비라와 도냐 솔과 헤어져야만 했다. 이별의 아픔은 아주 컸다. 그는 300명의 까스띠야 병사들과 함께 모로인의 땅으로 갔다.

말을 탄 무사들이 뒤를 따랐고, 앞에서는 시드가 그의 씩씩한 애마 바비에카를 타고가는데 그 말은 그런 주인을 모시고 가는 것에 긍지를 가지고 걸어가고 있었다. 그렇게 까스띠야 평원을 단숨에 달려서 사라고사에 다다랐고 후에 레리다와 바르셀로나까지 갔다. 적이 그들의 행로를 가로막고 나서면 엘 시드는 전투를 벌였는데, 전투에서 그의 용기와 노련함이 어찌나 대단했던지 그에게 대항할 사람이 아무도 없었다.

그의 가장 중요한 업적은 발렌시아 정복이었다. 지중해의 이 아름다운 도시는 여러 해 동안 모로인의 통치 하에 있었다.

그 도시를 정복한 후에 엘 시드는 그 곳의 성주가 되지 않고 돈 알폰소 6세 왕에게 바쳤으며, 그는 다만 왕의 이름으로 그 도시를 통치할 책임만을 받아들였다. 우리들의 충성스런 무사 깜뻬아도르는 돈 알폰소로부터 받았던 모욕과 불쾌한 일들을 그런 식으로 보답하였다. 수 차례나 모로인들은 그 곳을 되찾기를 원했으나 엘 시드는 언제나 용맹스럽게 그들을 물리쳤다.

수많은 전투에 기력이 쇠하고 열병에도 걸려 1099년 돈 로드리고 디아스 데 비바르는 그의 생을 마감했다. 그의 무덤은 부르고스 성당에 있다.

El Cid 상

14 MONASTERIOS Y CATEDRALES

Al mismo tiempo que los ejércitos españoles iban recuperando las tierras que estaban en poder de los moros, los monjes iban fundando en esos territorios conquistados grandes monasterios.

En esos monasterios vivían muchos hombres dedicados a la oración, al estudio, al cultivo de las tierras y a las obras de caridad. Ellos eran los que enseñaban a los labradores a cultivar con inteligencia los campos, ellos los que educaban a los niños de los pueblos, ellos los que atendían a los soldados, ellos los que animaban a los hombres a ser brenos y a portarse bien con Dios y con el prójimo.

Y las horas que les dejaban libres todos estos trabajos las ocupaban en copiar en sus escritorios los libros antiguos. Todo lo hacían an mano, pues no se habían inventado las máquinas de escribir ni la imprenta.

Todavía se conservan libros escritos por los monjes de los monasterios del Bierzo, en León; de Samos y Celanova, en Galicia; de Oña, Silos y Cardeña, en Burgos; de San Millán de la Cogolla, en Logroño; y otros muchos. Todos estos libros tienen unas miniaturas perfectísimas y son modelo de aplicación y buen gusto. Gracias a esta labor de los monjes se han podido conservar muchos de los escritos de los antiguos sabios.

Algo más tarde que los monasterios fueron contruyéndose las catedrales.

Si tuviera que nombrarte alguna, comenzaría por la de Santiago de Compostela. Es de estilo románico. Y por cierto que es la más perfecta de todas las catedrales románicas del mundo. Esto lo pueden asegurar los miles y miles de peregrinos que han venido y vienen a visitar el sepulcro del Santo Apóstol.

Luego te nombraría las de León, Burgos y Toledo. Estas son de estilo gótico. Las tres son muy bonitas, tienen grandes ventanales con vidrieras de muchos colores; los arcos de las puertas y ventanas no son redondos, como los románicos, sino algo apuntados. Las catedrales góticas se distinguen por sus muchas agujas o flechas. Además de ser bonitas por su forma, lo son también por los adornos y estatuas que tienen.

산띠아고 데 꼼뽀스뗄라 대성당

 Note

* al mismo tiempo que ~ : ~함과 동시에
* hacer a mano : 손으로 하다
* la máquina de escribir : 타자기
* Gracias a ~ : ~ 덕분으로
* además de ~ : ~ 이외에도

⑭ 수도원과 대성당

스페인 군대들이 모로인의 세력 하에 있던 땅들을 회복해 감과 동시에 수도사들은 정복한 그 땅에 훌륭한 수도원들을 세워 갔다.

그 수도원에는 많은 사람들이 기도와 학문에 열중하고 땅을 경작하고 자선 사업에 종사하며 살고 있었다. 그들은 농부들에게 지혜롭게 밭을 경작하는 법을 가르치고, 마을 어린아이들을 교육시키고, 군인들을 돌보고, 사람들에게 착한 사람이 되고 하느님과 이웃에 대해 바른 행실을 하도록 선도하였다.

이러한 모든 일로부터 시간이 나면 그들은 책상 앞에서 고서들을 옮겨 쓰면서 시간을 보내곤 하였다. 그들은 모든 것을 손으로 썼는데, 그것은 타자기나 인쇄기가 발명되지 않았기 때문이었다.

아직도 레온에 있는 비에르소 수도원이나 갈라시아에 있는 사모스 수도원과 셀라노바 수도원, 부르고스에 있는 오냐 수도원, 실로스 수도원과 까르데냐 수도원, 로그로뇨에 있는 산 미얀 데 라 꼬고야 수도원, 그리고 그 밖의 많은 수도원들에는 수도사들이 쓴 책들이 보존되어 있다. 모든 책들은 완벽한 세밀화(그림)들을 포함하고 있으며, 이 모든 책들은 근면과 좋은 취미의 본보기이다. 수도사들의 이러한 노력 덕분으로 고대 현인들의 많은 작품들이 보존될 수 있었다.

대성당이 세워지게 된 것은 수도원보다 뒤의 일이다.

이름을 들어야만 한다면 먼저 산띠아고 데 꼼뽀스뗄라 대성당을 꼽을 수 있을 것이다. 그 성당은 로마 양식이다. 확실히 세계의 모든 로마 양식 성당들 중에서 가장 완벽하다. 수많은 순례자들이 사도의 묘를 방문하러 왔으며, 현재도 오고 있다는 사실이 그것을 말해 준다.

다음으로는 레온과 부르고스, 그리고 똘레도 성당을 들 수 있을 것이다. 이 성당들은 고딕 양식이다. 이 세 개의 성당들은 매우 아름답고 다양한 색깔의 유리로 된 커다란 창문들을 가지고 있다. 아치 형의 문들과 창문들은 로마 양식처럼 둥글지 않고 하늘을 향해 뾰족하게 솟아 있다. 고딕 양식 대성당들은 많은 첨탑 때문에 두드러진다. 그 외형만 아름다울 뿐만 아니라, 장식품과 조각들 또한 아름답다.

15 LOS CASTILLOS

La vida de aquellos tiempos de la Reconquista era muy diferente de la de ahora. Los señores ricos y poderosos eran dueños de un castillo y de muchas tierras de alrededor. Tenían gran número de sirvientes o vasallos, que vivían en las tierras del señor y se ocupaban del trabajo de los campos.

Los señores de un castillo no se ocupaban ni del trabajo manual ni del estudio. La caza y el manejo de las armas eran sus ocupaciones preferidas. Por la noche, las gentes del castillo se reunían en uno de los grandes salones y escuchaban la interesante narración de algún peregrino que había pedido hopedaje, o los romances de algún juglar. En ciertas ocasiones, los señores organizaban competiciones, justas o torneos. En estas luchas brillantes los caballeros hacían gala de su valor, de su destreza y de su fuerza. De este modo estaban siempre preparados para la guerra, tan frecuente en aquellos tiempos.

Los castillos se construían en alguna altura o sobre las rocas de una montaña, y a veces estaban rodeados por un foso lleno de agua. Una sola puerta y un puente levadizo permitían la entrada al castillo.

En caso de ataque, los vasallos que vivían en torno al castillo se refugiaban en él con sus ganados. Luego se cerraba la puerta y se levantaba el puente levadizo sirviéndose de gruesas cadenas.

La conquista del castillo era muy difícil. Cuando el centinela que vigilaba en lo más alto de la torre divisaba al enemigo, tocaba la campana y todos los hombres de guerra empuñaban las armas. A través de las saeteras o desde lo alto de las almenas se lanzaba sobre los asaltantes una nube de flechas, piedras, agua y aceite hirviendo. Si alguna vez el enemigo conseguía escalar los muros y penetrar en los patios, los defensores se refugiaban en el centro del castillo, donde estaban las habitaciones principales y la torre del homenaje. Si ahí también penetraba el enemigo, el señor y los suyos podían escapar por un paso subterráneo que iba a dar al campo.

Valladolid에 있는 **Mota** 성

 Note

* **el trabajo manual** : 수공업(손으로 하는 작업)
* **el juglar** : 음유 시인. 12~13세기에 스페인에서 이 마을 저 마을 돌아다니면서 그 당시 관심의 대상이었던 모로인들과의 싸움 광경을 노래로 알려 주었던 시인들을 일컬었던 말이다.
* **hacer gala de ~ :** ~을 자랑하다   * **en caso de ~ :** ~할 경우에
* **en torno a ~ :** ~ 주위에   * **a través de ~ :** ~을 통해서
* **dar al campo :** 평야(들판) 쪽으로 면해 있다

15 성채

국토 회복 운동 시대 당시의 생활은 지금과 판이하게 달랐다. 부유하고 권력 있는 영주들이 성들과 그 주변의 많은 땅의 주인이었다. 영주들은 상당수의 하인이나 신하들을 거느렸는데, 그들은 영주들의 땅에 살면서 땅을 경작하였다.

성의 영주들은 수공업에도 학문에도 관심이 없었다. 사냥과 군대 지휘가 그들의 주관심사였다. 밤이 되면 성 안의 사람들은 커다란 방들 중 한 방에 모여 숙박을 요청한 순례자들의 흥미 있는 이야기나 음유 시인들의 기사 이야기를 듣곤 하였다. 어떤 때는 영주들이 창 싸움이나 무술 경기 같은 시합을 벌이곤 하였다. 이런 훌륭한 싸움에서 기사들은 그들의 용맹과 기량과 힘을 과시하였다. 이런 식으로 그들은 그 당시에 그렇게 잦았던 전쟁에 대한 준비를 항상 하고 있었던 것이다.

성들은 높은 곳에 세워지거나, 산의 암벽 위에 세워지거나, 때때로 물이 가득 고인 호수로 둘러싸여 있기도 했다. 성으로 들어갈 수 있는 통로는 오직 하나의 문과 올렸다 내렸다 하는 다리뿐이었다.

공격이 있을 경우 성 주변에 살고 있는 신하들은 그들의 가축들을 데리고 성 안으로 도피했다. 후에 문이 닫혀지고 굵은 사슬을 이용하여 가동교가 올라가게 된다.

그래서 성을 정복하기란 매우 어려운 일이었다. 성채의 가장 높은 곳에서 감시하고 있는 파수꾼은 적이 눈에 띄면 종을 쳐 알렸고 모든 군인들은 무기를 잡았다. 성벽의 총안을 통해서 또는 거터의 높은 곳으로부터 습격자들을 향해 구름 같은 화살과 돌, 펄펄 끓는 물과 기름을 부었다. 때때로 적이 성벽을 기어올라 뜰로 침투할 수 있게 되면 방어자들은 성의 중심부로 후퇴하곤 하였는데, 그 곳에는 중요한 방들과 중앙 누각이 있었다. 그 곳 역시 적들이 침투하면 영주와 그의 신하들은 밖으로 나가는 지하 통로를 통해 탈출할 수 있었다.

16 FERNANDO III EL SANTO

La gran preocupación de San Fernando fue continuar la Reconquista y arrebatar tierras a los moros. Para ello organizó un ejército disciplinado y bien armado y se dirigió hacia Andalucía.

La primera ciudad que se le presentó fue Córdoba, la ciudad mimada por los moros, la que éstos durante muchos años habían tenido por capital de sus reinos. En un ataque audaz San Fernando se apoderó con las grandísimas campanas de la catedral de Santiago de Compostela, que el célebre caudillo Almanzor había llevado a hombros de cristianos. San Fernando obligó a los moros a llevarlas también a hombros a Santiago y a colocarlas en las torres de la catedral. La noticia de la pérdida de Córdoba llenó de espanto a todos los moros; tanto que, cuando los ejércitos de San Fernando se presentaron en Jaén, esta ciudad se entregó sin resistencia al rey Santo.

Once años más tarde, las tropas de este invicto rey avanzaban por el valle del Guadalquivir, decididas a apoderarse de Sevilla. Los moros creían que era impoible conquistar esta ciudad, pero se equivocaron. Se habían olvidado que el rey Fernando era invencible, y no sabían que antes de intentar la conquista de la ciudad había preparado muy bien todas las cosas. Por ejemplo, había preparado muchos barcos, que a los órdenes del valeroso Almirante Bonifaz navegaron por el Guadalquivir hasta alcanzar y destrozar a la escuadra musulmana. Luego siguieron navegando hasta llegar al puerto de Sevilla.

Desde este momento, la ciudad se vio atacada por nuestra infantería y por nuestros marinos. Ante tanta bravura y empuje, la ciudad no pudo resistir y tuvo que rendirse. Era el año 1248. Fernando entró triunfante llevando sobre el sillín de su caballo una imagen de la Virgen de los Reyes, de quien era muy devoto.

En la persona de Fernando III el Santo vemos clarísimamente las cualidades del heroico guerrero y del sabio gobernante y las virtudes del hombre humilde, caritativo y santo.

Córdoba의 회교 대사원

Note

* **tener por capital** : 수도로 생각하나
* **llevar a hombros** : 어깨에 메고 가다
* **tanto que ~** : 그리하여, 그 때문에
* **seguir + Gerundio**(현재분사) : 계속해서 ~하다

16 성 페르난도 3세

산 페르난도 왕의 커다란 걱정거리는 국토 회복 운동(Reconquista)을 계속하는 일과 모로족에게 영토를 빼앗는 것이었다. 이를 위하여 그는 잘 훈련되고 무장이 잘 된 군대를 조직해서 안달루시아로 향하였다.

그의 앞에 나타난 첫 번째 도시는 모로인들이 사랑하던 도시이며, 오랫동안 그들이 자신들의 왕국의 수도로 생각해 왔던 꼬르도바였다. 이 대담한 공격에서 페르난도 3세는 산띠아고 데 꼼뽀스뗄라 성당의 큰 종들을 발견했다. 그 종들은 유명한 장수인 알만소르가 기독교인들의 어깨에 짊어지게 하고 가져온 것이었다. 산 페르난도는 그것을 다시 모로족의 어깨에 짊어지게 하고 산띠아고 성당으로 가져와 성당 종루에 가져다 놓았다. 꼬르도바를 잃었다는 소식은 모든 모로인들을 공포에 떨게 했다. 그리하여 산 페르난도의 군대가 하엔에 나타났을 때 그들은 반항할 생각도 못하고 하엔 시를 성왕(聖王)에게 내주었다.

11년 후 상승 가도의 성왕의 군대는 세비야를 되찾기로 결정하고 구아달끼비르 강의 계곡에 이르렀다. 모로인들은 이 도시를 정복하는 것이 불가능하리라 생각했지만 그것은 실수였다. 그들은 성왕의 군대가 무적이라는 것을 잊어 버렸으며 그 도시를 공격하기 전에 만반의 준비를 철저히 했다는 것을 몰랐던 것이다. 예를 들면, 성왕은 많은 배를 준비했으며 그 전함들은 용감한 보니파스 제독의 지휘 아래 회교도의 함대를 따라잡고 격파할 때까지 구아달끼비르 강을 항해하였다. 그 후 세비야 항구에 도착할 때까지 계속해서 항해하였다.

이 때부터 세비야는 스페인 해군과 보병에 의해서 공격을 받았다. 용맹스러움과 위력 앞에 도시는 저항할 길이 없었고 굴복해야만 했다. 그 때가 1248년이었다. 성왕은 말 안장 위에서 숭고한 성모 마리아 상을 싣고 위풍당당하게 들어갔다.

성 페르난도 3세라는 인물에게서 우리는 현명한 통치자와 영웅적인 전사의 자질과 겸허하고 자비로우며 성스러운 인간의 덕행을 확실하게 볼 수 있다.

17 HEROÍSMO DE GUZMÁN EL BUENO

No han faltado, por desgracia, en la Historia de nuestra patria traidores que, por orgullo o por ambición, se han rendido cobardemente a los enemigos de España. Uno de estos traidores fue el príncipe Don Juan, que era sobrino del rey Sancho IV.

Este joven príncipe decía que él tenía más derechos a ser rey de España que su tío Sancho IV. No vamos a ver ahora si tenía o no tenía razón. Lo que sí decimos es que se portó muy mal con su Patria, pues se pasó a los moros para luchar contra ella.

Hacía poco que el rey de Marruecos había perdido la ciudad de Tarifa, y tenía mucho interés en reconquistarla. ¡Cuál no sería su alegría cuando vio que el infante Don Juan venía a ofrecerle sus servicios! No tardaron los moros, dirigidos por el infante, en poner sitio a Tarifa.

Era gobernador de la ciudad Don Alonso Pérez de Guzmán, que supo defenderla heroicamente. En vano los sitiadores repitieron sus ataques. Todos sus esfuerzos se estrellaban contra aquella fortaleza invencible, y cada vez que se acercaban a las murallas sufrían tremendas derrotas.

Convencidos los sitiadores de que no podían rendir aquella ciudad por la fuerza de las armas, echaron mano de un cobarde y vil procedimiento. Tenía Don Juan consigo a un hijo de Guzmán, y se presentó con él ante la muralla diciendo que lo mataría si no entregaba la plaza. Guzmán, sin vacilar un momento, dio esta heroica respuesta: «Si Don Juan le diere muerte, a mí me dará gloria, a mi hijo verdadera vida y a él eterna infamia en el mundo y condenación eterna después de la muerte. Y para que vea cuán lejos estoy de rendir la plaza y faltar a mis deberes, ahí va mi cuchillo si acaso le falta arma para completar su atrocidad.》

Don Juan tuvo la cobardía de cumplir su amenaza, pero no pudiendo conquistar la ciudad, se retiró a Marruecos cubierto de vergüenza.

El rey confirmó Guzmán el título de Bueno que le daba el pueblo, y al presentarse en Alcalá, donde estaba la corte, Don Sancho salió a recibirlo y dijo a los caballeros que le acompañaban: 《Aprended, a sacar labores de bondad (es decir, a hacer buenas obras); cerca tenéis el dechado.》

 Note

* **tener derecho a ~ :** ~할 권리가 있다
* **tener interés en ~ :** ~에 흥미를 갖고 있다
* **para que ~ :** ~할 수 있도록
* **poner sitio :** 포위하다
* **cada vez que ~ :** ~할 때마다

⑰ 선인(善人) 구스만의 용맹함

불행히도 스페인 역사상 자신들의 자존심이나 야망으로 인해 비겁하게 적군에게 굴복하는 반역자들이 없지 않았다. 이 반역자 중의 한 사람이 돈 후안 왕자였는데, 그는 산초 4세의 조카였다.

이 젊은 왕자는 종종 그의 삼촌 산초 4세보다 자신이 스페인의 왕이 될 권리가 더 많다고 말하곤 하였다. 지금 우리는 그가 옳은지 아닌지를 보려고 하는 것이 아니다. 우리가 말하려고 하는 것은 바로 그가 조국에 대항하여 싸우기 위해 모로인들과 한편이 되었으니 그는 조국에 대해 매우 배반적인 행위를 했다는 것이다.

모로코(Marruecos)의 왕은 따리파 시를 잃어버린 지 얼마 되지 않았고 그래서 그것을 재탈환하는 데에 많은 관심을 기울였다. 이런 때 돈 후안 왕자가 그에게 도움을 주러 온다는 것을 알았을 때 그의 기쁨이 어떠했겠는가! 왕자가 이끌고 온 모로인들이 따리파를 포위하는 데에는 그리 시간이 걸리지 않았다.

돈 알론소 뻬레스 데 구스만은 이 도시의 총독이었는데, 그는 용감하게 그 시를 방어할 줄 알았다. 포위자들은 쓸데없는 공격을 반복하였다. 있는 힘을 다하여 열리지 않는 요새를 향해 공격하였으나 성벽에 접근할 때마다 지독한 참패를 당하곤 했다.

포위군들은 무력으로는 그 도시를 함락할 수 없다는 것을 깨닫고는 비겁하고 치사한 방법을 생각해 냈다. 돈 후안은 구스만의 아들을 직접 데려와 요새를 건네 주지 않으면 그를 죽여 버리겠다며 성벽 앞에 모습을 드러냈다. 구스만은 조금의 동요도 없이 영웅다운 답변을 했다. "돈 후안이 나의 아들을 죽인다면 내게는 명예를, 나의 아들에게는 진정한 삶을 주는 것이며, 그에게는 이 세상에서의 영원한 불명예와 사후의 영원한 형벌을 주게 될 것이다. 내가 나의 의무를 저버리고 항복을 할 순간은 아직도 멀었으니 너의 그 포악한 행위를 하는데 무기가 필요하다면 여기 내 칼을 주마."

결국 돈 후안은 위협대로 치졸한 짓을 행했으나 도시는 함락하지도 못한 채 불명예만 안고 모로코로 후퇴하고 말았다.

　　왕은 주민들이 구스만에게 붙여준 선인(善人의 Bueno)이라는 칭호를 인정했고, 당시 궁이 있었던 알깔라에 그가 나타났을 때 왕은 그를 영접하러 나와서는 그와 함께 온 기사들에게 말했다. "임무를 훌륭하게 행하는 것을 배우십시오. 여러분들 가까이에 본보기가 있습니다."

모로인들의 **Tarifa** 포위

18 LOS REYES CATÓLICOS

Los Reyes Católicos se llamaban Don Fernando y Doña Isabel. Fueron los monarcas más gloriosos de nuestra Historia, y con su reinado comenzó el gran Imperio Español.

Una de sus grandes obras fue el lograr la unidad de España, pues durante la Reconquista se habían formado en la Península varios reinos; por ejemplo, el de Castilla, el de Aragón, el de Navarra y el de Granada. Al casarse Don Fernando, que era rey de Aragón, con Doña Isabel, que era reina de Castilla, se unieron estos dos reinos. El reino de Navarra fue conquistado años más tarde por Don Fernando. Y apoderarse del de Granada, que estaba en poder de los moros, fue lo primero que intentaron los Reyes Católicos.

El rey moro de Granada se negó a pagar el tributo que desde los tiempos de San Fernando pagaban los granadinos a los reyes de Castilla. Por este motivo comenzó la guerra. Los Reyes Católicos fueron coquistando una por una todas las poblaciones próximas a la ciudad de Granada. Al llegar a ella la sitiaron por todas partes. Durante el tiempo que duró el asedio los caballeros españoles hicieron prodigios de valor. Entre ellos se distinguieron Hernán Pérez del Pulgar y Don Gonzalo de Córdoba, llamado el Gran Capitán.

En uno de los días del asedio se quemó el campamento cristiano y la Reina Católica mandó levantar en su lugar un pueblo al que se llamó Santa fe. Con ello quería dar a entender el firme propósito que tenía de conquistar la ciudad. Lo que consiguió el día 2 de enero de 1492. En este día, el rey moro Boabdil entregó, llorando come un niño, las llaves de Granada a los Reyes Católicos. La guerra de la Reconquista había terminado. Nueve meses después de este acontecimiento, se dio otro mucho más importante: Cristóbal Colón, gracias a la ayuda y protección de los Reyes Católicos, descubrió el Nuevo Mundo, que después se llamará AMÉRICA.

RESPONDE :

¿Cómo se llamaban los Reyes Católicos? — ¿Cómo estaba dividida España antes de su reinado? — ¿Cómo realizaron estos reyes la unidad de España? — ¿Cuál fue el motivo de la guerra con Granada? — ¿Qué caballeros se distinguieron durante la misma?

추방당하는 모로인들

 Note

* **dar a entender** : 알게 하다(=conocer)
* **se negó a pagar el tributo** : 조공을 바치는 것을 거부했다.
* **distinguirse** : 두드러지다
* **Los Reyes Católicos** : 까스띠야 왕국의 Isabel과 아라곤 왕국의 Fernando는 1469년 결혼을 하였으며 이로써 이베리아 반도의 통합이 이루어지게 된다.

⑱ 가톨릭 국왕 부처

가톨릭 국왕 부처라 함은 페르난도 국왕과 이사벨 여왕을 일컫는 말이다. 그들은 스페인 역사상 가장 영예스러운 왕들이었으며 그들의 통치 시대와 함께 대스페인 제국이 시작되었다.

그들의 위대한 업적 중의 하나는 스페인의 통일을 이룩한 것인데, 국토 회복 전쟁 당시 반도에는 여러 왕국들이 형성되어 있었다. 예를 들면, 까스띠야, 아라곤, 나바라와 그라나다 같은 왕국들이 있었다. 아라곤의 왕이던 페르난도가 까스띠야의 여왕인 도냐 이사벨과 결혼하면서 이 두 왕국은 통합되었다. 나바라 왕국은 돈 페르난도에 의해 몇 년 후에 함락되었다. 그리고 모로족의 지배하에 있었던 그라나다 왕국을 점령하는 것이 가톨릭 국왕 부처의 첫 번째 시도였다.

그라나다의 모로 왕은 산 페르난도 국왕 시대부터 그라나다인들이 까스띠야의 왕들에게 바쳐 오던 조공을 거부했다. 이것이 동기가 되어 전쟁이 시작되었다. 가톨릭 국왕 부처는 그라나다에 인접한 마을들을 하나하나 정복해 갔다. 마침내 그 곳에 도착했을 때 그 도시를 완전히 포위하였다. 공격이 계속되는 동안의 스페인 기사들의 용맹함이란 실로 놀라운 것이었다. 그 중에서도 에르난 뻬레스 델 뿔가르와 대장군이라 불리는 꼬르도바의 곤살로가 두드러졌다.

공격이 있던 어느 날 가톨릭 진영의 막사가 불탔고 가톨릭 여왕은 '성스러운 믿음' 이라고 불리는 마을을 그 자리에 세우라고 명령했다. 그것으로 그 도시를 정복하겠다는 확고한 의지를 알리려고 했었던 것이다. 그리하여 1492년 1월 2일 이러한 목적을 달성하였다. 이 날 모로 왕 보압딜은 어린아이처럼 울며 가톨릭 국왕 부처에게 그라나다의 열쇠를 넘겨 주었다. 국토 회복 전쟁은 이리하여 끝을 맺었다. 그 후 9개월 뒤에 이보다 더 중요한 역사적 사건이 있었다. 끄리스또발 꼴론이 가톨릭 국왕 부처의 원조와 비호로 후에 아메리카라고 불릴 신대륙을 발견한 것이다.

19 CRISTÓBAL COLÓN

Cuando los Reyes Católicos se ocupaban en la conquista de Granada, recibieron la visita de un homber. Se llamaba Cristóbal Colón, y venía a proponer a los reyes un proyecto fantástico. A saber: ir a las Indias navegando siempre hacia Occidente, porque la tierra era redonda, según él creía firmísimamente. De este modo los comerciantes cristianos se ahorrarían el trabajo de dar la vuelta a África o de tener que atravesar tierras de moros y turcos. Muchos no le creyeron; pero los Reyes Católicos le dijeron que sí, que ellos le ayudarían.

El 3 de agosto de 1492 zarpaban del Puerto de Palos, que está en Huelva, tres carabelas: la Pinta, la Niña y la Santa María. Las dos primeras estaban mandadas por los hermanos Martín Alonso Pinzón y Vicente Yáñez Pinzón. El propio almirante Don Cristóbal Colón mandaba la Santa Maria.

Hasta las Islas Canarias el viaje no ofrecía novedad para estos experimentados marinos. Pero a partir de las Canarias ningún barco había surcado el Océano. Todo era desconocido para aquellas blancas carabelas que bogaban lentamente por el inmenso mar, al que los antiguos llamaron «Mar tenebroso», porque estaba lleno de fantasmas, de misterios y de leyendas. Pasaron los días, las semanas y hasta dos meses; al fin, al despuntar el alba de un nuevo día, Rodrigo de Triana lanzó desde la Pinta el grito de ¡Tierra! Tierra! Era el 12 de octubre de 1492, fiesta de Ntra. Sra. del Pilar. Se había descubierto la primera isla del Nuevo Mundo: la isla de Guanahani. Cristóbal Colón tomó posesión de ella en nombre de los Reyes de España y la puso por nombre isla de San Salvador. Luego visitó y exploró otras islas próximas a ella, como Cuba y Haití, y se volvió a España.

El recibimiento que le hicieron en España fue apoteósico. En el puerto de Palos, a donde llegó el 15 de marzo de 1493, le esperaba una multitud inmensa. Todos estaban asombrados al ver los objetos raros que traía: hombres de otra raza, aves de precioso plumaje, plantas y frutos desconocidos.

Los Reyes Católicos recibieron a Colón en la ciudad de Barcelona, le colmaron de honores, de felicitaciones y de recompensas.

En otras tres ocasiones volvió al Nuevo Mundo y descubrió más islas y las costas del Continente. El afortunado descubridor murió en Valladolid en el año 1506.

 Note

* **ocuparse en ~** : ~에 종사하다, 신경을 쓰다, 관심을 가지다
* **a partir de ~** : ~ 이후로(=desde ~)
* **lleno de ~** : ~로 가득 친
* **tomar posesión de ~** : ~을 점령하다, ~을 빼앗다
* **en nombre de ~** : ~의 이름으로, ~를 대표해서

⑲ 끄리스또발 꼴론

가톨릭 국왕 부처가 그라나다 정복에 고심하고 있을 때 한 사람의 방문을 받았다. 그의 이름은 끄리스또발 꼴론(크리스토퍼 콜럼버스)이며 국왕 부처에게 기발한 제안을 하러 왔다. 말하자면 그가 굳게 믿고 있는 바에 의하면 지구는 둥글기 때문에 서쪽을 향해 계속 항해하면 인도에 이른다는 것이었다. 그렇기 때문에 그리스도교 상인들은 아프리카를 빙 도는 수고를 할 필요도, 모로족과 터키의 땅을 횡단해야 할 수고도 덜게 될 것이라는 것이다. 많은 사람들이 그것을 믿지 않았으나 가톨릭 국왕 부처는 그것을 믿고 도와 주겠다고 했다.

1492년 8월 3일, 우엘바에 있는 빨로스 항구에서 삔따, 니냐, 산따 마리아라는 세 척의 배가 출항했다. 앞의 두 척의 배는 마르띤 알론소 삔손과 비센떼 야네스 삔손 형제가 담당했고 함대 사령관인 끄리스또발 꼴론이 산따 마리아 호를 지휘했다.

카나리아 섬까지 항해는 이 노련한 선원들에게 새로울 것이 없는 항해였다. 하지만 카나리아 섬에서부터는 어떤 배도 대양을 헤쳐 나간 적이 없었다. 온갖 환영, 불가사의와 전설들이 난무해서 옛 사람들이 '암흑의 바다'라고 했던 망망대해를 천천히 노를 젓던 그 흰 범선들에게는 모든 것이 생소한 것이었다. 하루, 이틀, 한 주, 두 주, 세월이 흘러 두 달이 지나갔다. 어느 날 아침, 동이 틀 무렵 마침내 삔따 호로부터 로드리고 데 뜨리아나가 "육지다! 육지다!"라고 외쳤다. 삘라르에 발현하신 성모 마리아의 축일인 1492년 10월 12일이었다. 신대륙의 첫 번째 섬 구아나아니의 발견이었다. 끄리스또발 꼴론은 스페인 왕의 이름으로 그 섬을 점령하고 산 살바도르라는 이름을 붙였다. 그 후 쿠바나 하이티 같은 인근 섬들을 찾아 탐험하고 스페인으로 돌아왔다.

그를 맞이하는 스페인에서의 환영은 열광적이었다. 팔로스 항구에 1493년 3월 15일에 도착했는데 그 곳에서 수많은 군중이 그를 기다리고 있었다. 모두가 그가 가지고 온 진귀한 물건들을 보며 감탄했다. 다른 종족의 사람들, 아름다운 깃털의 새, 이름 모를 과일과 식물들이 그런 것들이었다.

가톨릭 국왕 부처는 꼴론을 바르셀로나 시에서 맞이하고 그에게 명예와 훈장과 포상을 듬뿍 주었다. 그 후에도 세 번이나 꼴론은 신대륙으로 돌아가 더 많은 섬과 대륙 해안을 발견했다. 그 행운의 탐험가는 1506년 바야돌리드에서 세상을 떠났다.

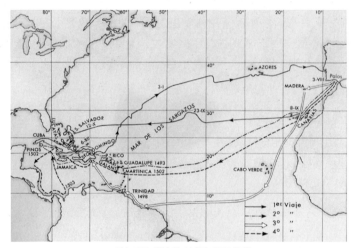

끄리스또발 꼴론의 신대륙 탐험 항행

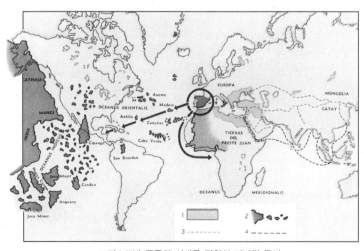

끄리스또발 꼴론의 신대륙 탐험의 지리적 동기

20 HERNÁN PÉREZ DEL PULGAR

Entre los muchos caballeros que se hicieron famosos durante la guerra de Granada el más célebre fue Hernán Pérez del Pulgar, llamado el de las hazañas, por las muchas que llevó a cabo. La historia relata, entre otras, las siguientes.

Un día, viendo Hernán Pérez que las tropas españolas tardaban mucho en conquistar Baza, llamó a otros jóvenes fogosos como él, y formando una tropa de 200 jinetes y 300 infantes, penetró en territorio enemigo y sembró el pánico entre todos. Al volver divisó a lo lejos mucha tropa de caballería mora que venía contra él. Unos proponen abandonar los presos y armas que habían cogido al enemigo y huir; otros decían que era mejor darles la batalla; la mayor parte se creían perdidos, todos vacilaban. Todos··· menos Hernán Pérez, que, tomando un lienzo y atándolo a la punta de su lanza, como si fuera una bandera, grita: «Señores, ¿para qué tomamos las armas en nuestras manos si pensamos escapar como cobardes? Hoy veremos quién es el hombre valiente y quién es el cobarde.» Y, picando espuelas a su caballo, arremetió contra todos los enemigos. Los demás le siguieron, y cargaron con tanta furia sobre los moros, que los desbarataron por completo.

Otro día, seguido de sólo 15 valerosos campeones, entra de noche en Granada, sin que los centinelas moros se dieran cuenta, cruza las desiertas calles, llega a la puerta de la gran mezquita y clava en ella un cartel con las palabras "Ave María". Cuando se volvían tan contentos, encuentran una ronda de moros que hacía vigilancia en la ciudad; los caballeros cristianos la arremeten y dispersan; luego se salen tan tranquilos de Granada.

En otra ocasión quiso la Reina Isabel ver más de cerca Granada, y, acompañada de Hernán Pérez y de otros ilustres guerreros, llegó hasta la Zubia, pequeño pueblo inmediato a la ciudad. Los moros, que notaron su presencia, acometieron come fieras a la pequeña hueste española. Isabel, oculta bajo las ramas de un frondoso laurel, contempló cómo sus heroicos paladines salían victoriosos de una nube de moros.

Las gestas de este guerrero y de otros muchos héroes de la Guerra de la Reconquista las conocemos porque fueron cantadas en bellas composiciones poéticas.

Los juglares recitaban estas composiciones en las plazas ante las gentes, o en los palacios y alcázares ante los grandes señores, los reyes y sus servidores.

Muchos de esos cantares, que se llaman cantades de gesta, se perdieron; otros se conservan escritos en las crónicas antiguas, o reproducidos en los romances y cancioneros

Note

* **llevar a cabo :** 행하다, 실행하다, 완성하다
* **jinete :** 기수, 기마병
* **como si + 접속법 블안료 과거 :** 마치 ～인 것처럼
* **sin que ～ :** ～하지 않고, ～하는 일 없이, ～하지 않다
* **darse cuenta :** ～을 알아차리다, 깨닫다

㉑ 에르난 뻬레스 델 뿔가르

그라나다 전쟁 동안 유명했던 많은 기사들 중에 그가 이룩한 업적 때문에 무훈의 기사라 불리는 에르난 뻬레스 델 뿔가르가 가장 유명하다. 역사는 그 중에서도 다음과 같은 업적을 이야기한다.

어느 날 스페인 군대가 바사를 정복하는 데 오래 지체되는 것을 본 에르난 뻬레스는 자기처럼 혈기 왕성한 다른 젊은이들을 불러모아 200명의 기마병과 300명의 보병들로 된 군대를 구성해서 적지로 침투하여 모두들에게 공포를 주었다. 돌아올 때 그는 멀리서 그를 향해 오고 있는 모로의 많은 기병 군대를 보았다. 몇몇은 적들에게 빼앗은 포로와 무기들을 포기하고 도망치자고 했고, 다른 사람들은 맞서 싸우는 것이 좋다고 이야기했다. 대부분이 끝장이라고 생각했고 모두들 동요되었다. 에르난 뻬레스를 제외한 모두들… 에르난 뻬레스는 깃발처럼 그의 창끝에 천을 묶어 들고 소리쳤다. "여러분, 겁쟁이처럼 도망칠 생각이라면 우리들은 무엇을 위하여 손에 무기를 들었습니까? 오늘 우리는 누가 용기 있는 사람이고 누가 겁쟁이인가 보게 될 것입니다." 그러고는 그의 말에 박차를 가해 적을 향해 돌진했다. 나머지 기사들도 그를 따랐고 맹렬히 모로족을 공격하여 완전히 섬멸하였다.

또 어느 날에는 그라나다에서 밤을 틈타 단지 15명의 용감한 투사를 거느리고, 모로족의 파수병이 눈치채지 못하게 인적이 드문 거리를 가로질러 거대한 회교 사원의 문에 가서는 '아베 마리아(Ave María)'라고 쓴 포스터를 그 곳에다 못질해 박았다. 매우 만족해서 돌아갈 때 도시를 경비하고 있던 모로족의 병사들을 발견했다. 그리스도교 기사들은 날째게 덤벼들어 뿔뿔이 흩어지게 하고는 조용히 그라나다를 빠져 나왔다.

한번은 이사벨 여왕이 그라나다를 좀더 가깝게 보길 원해서 에르난 뻬레스와 다른 뛰어난 무사들을 거느리고 그라나다에 인접한 작은 마을인 수비아까지 갔다. 그들의 출현을 알아차린 모로인들은 스페인의 작은 군대를 맹렬히 습격했다. 이사벨 여왕은 잎이 무성한 월계수 나무 밑에 몸을 감추고 어떻게 그녀의 용감한 용사들이 구름처럼 몰려드는 모로인에게서 승리하는지 바라보았다.

이 무사의 무훈과 다른 많은 국토 회복 전쟁의 영웅들의 무훈에 대해서는 아름다운 시를 통해 알 수 있다.

후글라르들은 군중이 모인 광장이나 궁중에서 높은 고관들, 국왕과 신하들 앞에서 이러한 작품들을 읊곤 했다.

무훈시라고 불리는 그러한 노래들의 상당량이 소멸되었고, 나머지는 옛날 연대기에 기록되어 보존되거나 로만세(史歌詩)와 가곡집으로 재현되어 보존되고 있다.

21 EL CARDENAL CISNEROS

Los Reyes Católico tuvieron la inmensa suerte de encontrar un hombre que, con su sabiduría, con su prudencia y con su energía, les ayudó a gobernar y a hacer de España una nación culta, disciplinada y poderosa. Este hombre fue el Cardenal Don Francisco Jiménez de Cisneros.

Nació en Torrelaguna, provincia de Madrid. Estudió en Salamanca y en Roma. Se ordenó sacerdote y algunos años después entró en la orden franciscana, donde se distinguió por su santidad y por su ciencia.

A los cincuenta y cinco años fue colocado en los más altos cargos de la Nación. Fue nombrado sucesivamente confesor de la reina, Arzobispo de Toledo, Cardenal y por último Regente; es decir, jefe de España cuando faltara el rey. Este último cargo lo desempeñó en dos ocasiones distintas.

Siendo ya de setenta años, organizó una expedición a África y dirigió personalmente la conquista de Orán.

Cuando ocupó el cargo de Regente, los nobles se oponían a muchas de sus órdenes, y en cierta ocasión llegaron a preguntarle en virtud de qué poderes gobernaba. Entonces les hizo asomarse a un balcón y mostrándoles la guardia que abajo tenía con algunos cañones, les respondió: «Estos son mis poderes.»

Con esta decisión y energía supo mantener su autoridad en bien de la patria y entregar al sucesor de los Reyes Católicos, Don Carlos, una España unida y poderosa.

A pesar de tantas y tan importantes ocupaciones, el incansable

Cisneros tuvo tiempo para fundar la Universeidad de Alcalá de Henares y para dirigir la publicación de la Biblia Políglota.

Este hombre extraordinario, gloria de la Iglesia y de España, falleció en Roa, provincia de Burgos, cuando se dirigía a Asturias para recibir a Don Carlos, que venía de Alemania a ocupar el trono de Eapaña.

RESPONDE :

¿Dónde nació el Cardenal Cisneros? — ¿Qué cargos importantes desempeñó? — ¿Cómo vivió en medio de los honores? — ¿Qué conquista realizó en África? — ¿Qué Universidad fundó? — ¿Qué otras obras importantes llevó a cabo? — ¿Dónde murió?

똘레도 시의 전경

 Note

* ordenarse sacerdote : 사제 서품을 받다   * llegar a ~ : 드디어 ~하기에 이르다
* en virtud de ~ : ~에 의해, 때문에
* Biblia Políglota : 여러 나라 말로 번역된 성서

㉑ 시스네로스 추기경

가톨릭 국왕 부처가 현명함과 신중함과 행동력으로 스페인을 품위 있고 규율이 있으며 강력한 나라로 만들고 다스리도록 그들을 도와 준 사람을 만난 것은 커다란 행운이었다. 이 사람이 돈 프란시스꼬 히메네스 데 시스네로스 추기경이다.

마드리드 지방의 또렐라구나에서 태어났으며 살라망까와 로마에서 공부하였다. 사제로 서품을 받고 몇 년 후에 프란시스꼬 수도회에 들어갔으며, 그 곳에서 신앙과 학문으로 탁월했다.

55세 때에는 국가의 가장 높은 직책을 맡았다. 그는 계속해서 여왕의 고해 신부, 똘레도의 대주교, 추기경에 임명되었는데, 최후에는 섭정이 되었다. 다시 말해서 왕이 유고 시에 스페인의 통치권자가 되는 자리였다. 그는 이 직무를 두 번 수행했었다.

70세 때, 아프리카 탐험대를 조직하여 친히 오란의 정복을 주도했다.

그가 섭정의 임무를 맡고 있을 때 귀족들은 그의 대부분의 명령에 불복종하고 어떤 때에는 무슨 힘이 있어서 통치를 하느냐고 물어 보기까지 했다. 그러면 그는 발코니로 나가 아래에서 무기를 갖고 있는 경비병을 가리키며 대답했다. "이것이 나의 힘이다."

이러한 판단력과 행동력으로 그는 조국의 안녕 속에서 그의 권력을 유지하고 가톨릭 국왕 부처의 후계자인 돈 까를로스에게 통합된 강력한 스페인을 이양했다.

그렇게 많고 중요한 할 일이 있었음에도 불구하고 지칠 줄 모르는 시스네로스는 알깔라 데 에나레스에 대학을 설립하고, 수개 국어 대역 성서(Biblia Políglota)의 발행을 진두지휘할 시간도 냈다.

스페인과 교회의 영광인 이 탁월한 인물은 스페인 왕위를 계승하기 위해 독일에서 오는 까를로스를 맞이하러 오스트리아로 가다 부르고스 지방의 로아에서 운명했다.

22 HERNÁN CORTÉS Y LA CONQUISTA DE MÉJICO

Las noticias que trajo Colón de las nuevas tierras descubiertas despertaron en muchos españoles deseos de descubrir otras, de conquistarlas para España, de civilizarlas y de evangelizarlas. Un de estos españoles fue Hernán Cortés, el más famoso caudillo de los conquistadores de América.

Cortés nació en Medellín y estudió en Salamanca. Pronto dejó los estudios universitarios y se embarcó para el Nuevo Mundo.

El gobernador de Cuba, que se llamaba Velázquez, organizó una expedición de 600 hombres para que conquistara el imperio de Méjico, y nombró jefe de ella al joven Hernán Cortés.

Los expedicionarios salieron de la isla de Cuba en 11 naves pasaron por la isla de Cozumel y desembarcaron en las costas de Yucatán. Luego siguieron bordeando la costa hasta llegar a un lugar donde Cortés fundó la ciudad de Veracruz. Allí recibió un embajada del emperador de Méjico, llamado Moctezuma, que le rogaba que no pasase adelante.

Cortés no hizo caso, y para evitar que sus soldados pensasen en abandonar Cuba, mandó quemar las 11 naves que habían traído. Poco después se dirigió hacia la maravillosa ciudad de los lagos canales, la capital de todo el imperio azteca, es decir, a Méjico que era una ciudad de unas 20.000 casas, con anchas calles, plazas, mercado y con magníficos jardines.

Le fue fácil entrar en la ciudad y hacerse dueño de ella, pues los mejicanos no se atrevieron a poner resistencia. Pero andando el tiempo el mismo Moctezuma les preparó una emboscada, y Cortés para castigarlo, le hizo prisionero. Esto hizo que toda la poblactión se sublevara contra los españoles, los cuales no tuvieron más remedio que salir de la ciudad después de una terrible batalla en medio de la oscuridad de la noche. En ella perdió Cortés la tercera parte de sus hombres. Por eso se llamó 《Noche Triste》.

Apenas había Cortés organizado sus hombres cuando en el valle de Otumba salieron a su encuentro unos 40.000 indios. Cortés no vacila; arenga a aquel puñado de leones y se lanza al ataque atraviesa por entre los enemigos y se apodera del estandarte real del que dependía, según las leyendas mejicanas, la suerte del imperio. Los 40.000 indios, llenos de terror, huyeron a la desbandada, y Cortés volvió a entrar triunfante en Méjico.

Note

* **hacer caso de ~ :** ~에 관심을 두다, ~을 고려하다
* **atreverse a ~ :** 감히 ~을 하다(영어에서 *dare to* ~)
* **no(tener) más que ~ :** ~하는 수밖에 없다, ~할 수밖엔 다른 도리가 없다
* **salir al encuentro :** 마중 나가다, 요격하다, 기선을 제압하다
* **por entre ~ :** ~의 사이(가운데)를 지나

㉒ 에르난 꼬르떼스와 멕시코 정복

꼴론이 발견한 신대륙에서 가져온 소식은 수많은 스페인 사람들에게 다른 땅도 발견하며, 조국을 위해 그 곳을 정복하고, 그 곳 사람들을 전도하고 문명화하고자 하는 의욕을 불러일으켰다. 그 중의 한 사람이 아메리카 대륙 정복자 중 가장 유명한 지도자인 에르난 꼬르떼스이다.

꼬르떼스는 메데인에서 태어났으며 살라망까에서 공부했다. 그는 곧 대학 공부를 중단하고 신대륙으로 가는 배를 탔다.

벨라스께스라고 불리는 쿠바 총독은 멕시코 제국을 정복하기 위하여 600명으로 구성된 탐험대를 조직했으며 탐험 대장으로 젊은 에르난 꼬르떼스를 임명했다.

탐험대는 11척의 배를 나누어 타고 쿠바를 출항했으며 꼬수멜 섬을 지나서 유카탄 해변에 정박했다. 그 후 탐험대는 꼬르떼스가 베라끄루스 시를 건설한 곳에 도착할 때까지 해안을 끼고 항해를 계속했다. 거기서 그는 목떼수마라는 멕시코 황제의 사자를 접견했으며, 그 사자는 더 이상 진격하지 말아 달라고 꼬르떼스에게 청원을 했다.

꼬르떼스는 그러한 요구를 거절했으며 병사들이 쿠바를 떠날 생각을 하지 못하도록 타고 온 11척의 배를 모두 불태우라고 명령했다. 얼마 있지 않아 꼬르떼스는 호수와 운하가 있는 아름다운 도시로 향했는데 그 도시는 모든 아즈텍 제국 즉 멕시코의 수도였으며 20,000채 가옥들과 넓은 길과 광장, 시장, 그리고 훌륭한 정원들이 있는 도시였다.

멕시코 사람들이 저항할 엄두를 못 냈기에 그가 도시에 입성을 하고 그 곳의 주인이 되는 것은 쉬운 일이었다. 그러나 시간이 흐르자 목떼수마 자신이 매복 공격을 준비했고 꼬르떼스는 그것을 응징하기 위하여 그를 체포했다. 이 사건은 모든 원주민이 스페인 사람들에 대해서 반란을 일으키게 했고 스페인 사람들은 한밤중에 치열한 전투를 벌인 끝에 도시에서 퇴각할 수밖에 없었다. 그 전투에서 꼬르떼스는 휘하 병력의 3분의 1을 잃었으며, 그래서 그 날 밤을 '슬픈 밤'이라고 했다.

꼬르떼스가 오뚬바 계곡에서 약 4만 명의 인디오들과 부딪쳤을 때 그는 그의 병사들을 거의 재정비하지 못했었다. 꼬르떼스는 동요하지 않고 얼마 안 되는 용사들에게 일장 연설을 하고 공격을 시작하여 적들 사이를 뚫고 들어가서 왕의 깃발을 빼앗았는데, 멕시코의 전설에 의하면 그 깃발은 제국의 운명을 좌우한다는 것이었다. 4만여 명의 인디오들은 공포에 질려 뿔뿔이 흩어져 도망갔으며 꼬르떼스는 다시 승리하여 멕시코에 입성을 했다.

에르난 꼬르떼스

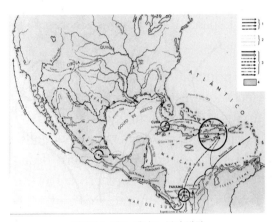

안띠야스 제도, 멕시코, 북미 발견

23 PIZARRO Y EL IMPERIO DE LOS INCAS

Francisco Pizarro era pariente de Hernán Cortés y era también extremeño, pues había nacido en Trujillo. Luchó en las guerras de Italia a las órdenes del Gran Capitán. Luego marchó a América; Estuvo primero en Cuba y después en Panamá. Aquí se enteró de la existencia del gran imperio de los incas, que comprendía gran parte de América del Sur, y decidió conquistarlo para España. En la empresa le ayundaron Hernando de Luque y Almagro.

Al principio sólo les acompañaron 90 expedicionarios; pero viendo que necesitaban más gente, se volvió Almagro a buscar auxilios; 180 hombres respondieron a su llamada. Con ellos llegaron a tierras de Perú; pero viendo que la resistencia de los indios era grande y el número de españoles muy reducido, nuevamente volvió Almagro a Panamá en busca de refuerzos. Como tardaron en venir con ellos, los soldados de Pizarro comenzaron a desanimarse y a criticar. Pizarro ordenó que todos los descontentos se volvieran a Panamá. El se quedó con unos pocos esperando a que viniera Almagro.

Pasaron los días; al fin ven llegar el anciano navío. Pero ¡qué desilusión! No era Almagro el que llegaba. Era Juan Tafur, que en nombre del gobernador de Panamá venía a llevarse a todos. Pizarro discute con Tafur y dice que él de ninguna manera abandonará la empresa. Ante esta decisión Tafur les dice: «En vuestras manos está el escoger: O venir conmigo a tierra segura, o quedaros con vuestro capitán expuestos a los mayores peligros.»

Hay un silencio; en esto Pizarro da un paso al frente, traza una raya en la arena y, poniéndose al otro lado de ella, dice: 《Soldados, camaradas y amigos: esta parte es la de la muerte, la de los trabajos, la de las hambres y también la del triunfo; la otra es la del gusto, la de la vida fácil, la de los miedosos. Escoged.》 Sólo trece, "Los Trece de la Fama", cruzaron la raya; los demás se fueron con Tafur.

Con estos trece y con otros cuantos que el mismo Pizarro buscó en Panamá y en España, emprendió la conquista del gran Imperio Inca. En Cajamarca se apoderó del emperador Atahualpa ante el asombro de millares de indios que no sabían qué hacer. Luego se dirigió a Cuzco, que era la capital del imperio, y entró en ella triunfante, consiguiendo así la sumisión de todo el territorio.

Note

* **enterarse de ~ :** ～을 인식하다(깨닫다)
* **en busca de ~ :** ～을 찾아서, ～을 얻고자
* **millares de indios :** 수천 명의 인디오들
* **dirigirse a~ :** ～로 향하다

23 삐사로와 잉카 제국

프란시스꼬 삐사로는 에르난 꼬르떼스의 친척이었으며 뜨루히요에서 태어난 엑스뜨레마두라인이었다. 그는 총사령관의 명령에 따라 이탈리아 전쟁에 참가했으며 그 후 아메리카로 떠났다. 그는 처음에 쿠바에 있었고 그 후에 파나마에 있었는데 여기서 남미의 큰 지역을 점유하고 있는 거대한 잉카 제국의 존재에 대해서 알았으며, 조국을 위해 잉카 제국을 정복하기로 결정했다. 그 계획에는 에르난도 데 루께와 알마그로의 원조가 있었다.

처음에 그들은 90명의 원정대를 구성했으나 더 많은 사람이 필요하다는 것을 깨닫고 알마그로는 지원병을 구하기 위해 돌아갔다. 180명의 사람들이 몰려들었으며 그들과 함께 원정대는 페루 땅에 도착했다. 그러나 인디오들의 저항이 완강했고 스페인 사람들의 숫자가 줄어들자 알마그로는 구원병을 찾아 파나마로 다시 돌아갔다. 구원병들이 오는 데 시간이 걸리자 삐사로의 병사들은 사기가 저하되었고 불평을 시작하였다. 삐사로는 불만 있는 모든 사람은 파나마로 돌아가라고 명령했으며 알마그로가 올 때까지 기다리면서 얼마 안 되는 병사들과 남아 있었다.

며칠이 지나고 마침내 낡은 배가 도착했다. 그러나 불행하게도 그 곳에 도착한 사람은 알마그로가 아니었다. 그는 후안 따푸르란 사람으로 파나마 총독의 이름으로 모든 사람을 데려가기 위해 온 사람이었다. 삐사로는 따푸르와 논쟁을 벌이고, 무슨 일이 있어도 이 일을 포기하지 않을 것이라고 말했다. 그의 이런 결정 앞에 따푸르는 그들에게 "그대들의 손에 선택이 있다. 나와 함께 안전한 땅으로 가든지 위험 속으로 당신들의 대장과 남든지 하라"고 말했다.

병사들이 침묵하고 있을 때 삐사로가 앞으로 나아가 모래 위에 선 하나를 그었다. 그리고 그는 선 너머로 가 서서 말했다. "병사들이여, 동지들이여, 친구들이여, 이 쪽은 죽음의 쪽이며, 고생의 쪽이며, 굶주림의 쪽이지만, 또한 승리의 쪽이다. 반대로 다른 쪽은 즐거움과 안락함과 겁쟁이의 부분이다. 자 선택하라!" 그러자 단지 '영광의 13인' 이라고 칭하는 13명만이 선을 넘어왔으며 다른 사람들은 따푸르와 함께 돌아갔다.

이 13명과 삐사로 자신이 스페인과 파나마에서 모집한 다른 사람들과 함께 그는 대 잉카 제국의 정복에 착수했다. 까하마르까에서 삐사로는 어떻게 해야 할지 모르는 수많은 인디오들이 놀라는 가운데 아따우알빠 황제를 붙잡았다. 그리고 나서 그는 잉카 제국의 수도인 꾸스꼬로 향했으며, 모든 지역의 항복을 받으면서 꾸스꼬로 개선을 했다.

삐사로

24 LA PRIMERA VUELTA AL MUNDO

Hacía más de veinte años que Cristóbal Colón había descubierto América, cuando un hombre inteligente y decidido llamado Magallanes se presentó al rey Don Carlos y le dijo: «Majestad, si me proporciona hombres, víveres y barcos, yo daré la vuelta al mundo y encontraré el camino que buscaba Cristóbal Colón para ir a las Indias.» El emperador aprobó su proyecto y le proporcionó cuanto pidió.

El primero de agosto de 1519 salían de Sevilla cinco naves; "Trinidad", "Victoria", "San Antonio", "Santiago" y "Concepción". De los 265 hombres de la expedición sobresalía uno que iba al frente de la "Concepción": se llamaba Juan Sebastián ELCANO.

Las cinco navecillas cruzaron veloces el Atlántico, que ya no era el mar «tenebroso» lleno de leyendas tristes, sino el mar que unía dos mundos, el Antiguo y el Nuevo. Llegaron pronto a América, y la fueron bordeando hasta llegar a su extremo Sur, donde encontraron un estrecho que comunicaba el Océano Atlántico con otro Océano, del cual sólo se conocía el nombre que le puso Vasco Núñez de Balboa cuando le vió por primera vez; es decir, Mar del Sur. Cruzaron el estrecho al que llamaron de Magallanes, y se internaron en un inmenso océano de aguas tranquilas. Por esto Magallanes lo llamó Pacífico. ¡Pobres expedicionarios! ¡Cuántos sufrimientos les esperaban! No sabían que el Océano Pacífico es el Gran Océano, dos veces mayor que el Océano Atlántico. Navegaron semanas y semanas por aquel mar interminable. Llegó a faltarles el agua y los víveres, y se vieron precisados a comer serrín y pedazos de cuero. Al fin descubrieron unas islas habitadas, y luego, las Filipinas.

En una de éstas, la de Mactán, pereció Magallanes víctima de una emboscada. Hacía falta un nuevo jefe, y todos eligieron a Juan Sebastián Elcano, que ordenó continuar la expedición. Llegaron a las islas Molucas y en ellas se encontraron con los portugueses. Allí descansaron y cogieron víveres y siguieron el viaje dando la vuelta a África por mares ya conocidos. Al fin, el 6 de septiembre de 1522, llegaron al puerto de Sevilla Juan Sebastián Elcano con una sola nave, la "Victoria", y 18 hombres. Los demás habían perecido durante los dos años que duró la expedición.

 Note

* **Hacía (시간) que ~ :** ~한 지가 (얼마나) 되었다
* **no A sino B :** A가 아니라 B이다
* **dar la vuelta a ~ :** 한 바퀴 돌다(일주하다)
* **emboscada :** 매복, 복병
* **por primera vez :** 처음으로
* **el estrecho :** 해협

24 첫 세계 일주

끄리스또발 꼴론이 아메리카를 발견한 지 20년이 훨씬 지났을 때 마젤란이라 불리는 한 총명하고 다부진 사람이 까를로스 왕 앞에 나서더니 다음과 같이 말하였다. "폐하, 저에게 사람과 식량과 배를 제공하여 주신다면, 세계 일주를 하고 끄리스또발 꼴론이 인도로 가기 위해 찾았던 항로를 찾겠나이다." 황제는 그의 계획을 승인하였고 그가 청했던 모든 것들을 제공하였다.

1519년 8월 1일 5척의 배가 세비야에서 출항하였다. 삼위일체호, 승리호, 성안또니오 호, 산띠아고 호와 성모수태호가 그것이다. 원정대의 265명의 사람 중에 성모수태호의 선두에 있는 한 사람이 두드러졌는데 그의 이름은 후안 세바스띠안 엘까노였다.

5척의 조그만 배가 이제 더 이상 슬픈 전설로 가득 찬 《암흑의 바다》가 아니라, 구대륙과 신대륙의 두 세계를 연결하여 주는 대서양을 빠르게 횡단하였다. 그들은 곧 아메리카에 도착하였고 대륙의 남단에 다다를 때까지 따라 내려갔다. 거기에서 처음으로 대서양과 다른 대양이 통하는 해협을 발견하였다. 그 다른 대양은 바스코 누녜스 데 발보아가 처음 보았을 때 붙인 이름, 즉 《남해》로 알려졌다. 마젤란이라 명명한 해협을 통과하여 잔잔한 물결의 거대한 바다로 접어들었다. 그래서 마젤란은 그 곳을 태평양이라 불렀다. 가련한 탐험 대원들! 얼마나 많은 고통이 그들을 기다리고 있었는지! 그들은 태평양이 대서양보다 두 배나 큰 거대한 대양이라는 것을 알지 못했다. 수 주일간 그들은 저 끝없는 바다를 항해하였다. 드디어는 물과 식량이 떨어지게 되었고, 결국엔 톱밥과 가죽 조각을 먹을 수밖에 없었다. 드디어 사람이 거주하는 몇몇 섬을 발견하게 되고, 곧 필리핀 섬을 발견하게 되었다.

이 섬들 중에 한 곳인 막딴에서 마젤란은 기습 공격의 희생물로 숨을 거두게 되었다. 새 우두머리가 필요하게 되자 모든 사람들은 후안 세바스띠안 엘까노를 뽑았고 그는 원정을 계속하도록 명령하였다. 그들은 몰루까스 제도에 도착하였고, 거기에서 포르투갈 사람들과 만났다. 그 곳에서 휴식을 취하고 식량을 얻자

이미 알려진 바다를 지나 아프리카를 돌아 여행을 계속하였다. 결국 1522년 9월 6일 단 한 척만 남은 배인 승리호와 18명의 사람들과 함께 후안 세바스띠안 엘까노는 세비야 항에 도착하였다. 나머지 사람들은 2년간의 계속된 원정 도중에 모두 목숨을 잃은 것이다.

세비야 대성당의 제단

세비야

25 CONQUISTA, EVANGELIZACIÓN Y CIVILIZACIÓN DEL NUEVO MUNDO

No vayas a creer que aquellos capitanes, que parecen héroes de leyenda, se proponían al conquistar América hacerse famosos y enriquecerse. Ni mucho menos; la mayoría de los conquistadores no olvidaron que eran súbditos de España y de sus reyes, y que éstos querían conquistar el Nuevo Mundo para cristianizarlo, para civilizarlo y para poner allí todos los adelantos, comodidades e industrias que tenía España o cualquier otra nación de Europa.

Por eso junto a los conquistadores iban siempre los misioneros, que sin miedo y llenos de amor de Dios se metían entre los indios para enseñarles el camino del cielo. Si los conquistadores eran valientes, los misioneros lo eran más, y si los conquistrdores confiaban en sus armas, los misioneros confiaban en la gracia de Dios que sabe mover los corazones. Hubo cientos y cientos de misioneros que recorrieron las inmensas tierras americanas regándolas con sus sudores, y algunos con su misma sangre. Entre los más famosos misioneros podemos nombrar a Santo Toribio de Mogrovejo, San Francisco Solano, San Pedro Claver y Fray Junípero Serra.

Al mismo tiempo que los misioneros, España envió a aquellas tierras maestros, técnicos, hombres de ciencia, arquitectos; estos hombres trabajaron con gran tesón y pusieron todo su saber al servicio de los americanos. Ninguna otra nación, excepto Portugal, supo civilizar así. Para otras naciones la colonización era un negocio, y en vez de civilizar explotaban las riquezas naturales.

A los setenta años del descubriminto, y tenían aquellas regiones universidades, escuelas, colegios e imprentas. Se habían construido canales, puertos y caminos y se habían establecido muchas industrias. Todo se había hecho considerando a aquellas tierras iguales a las de España. Y es que España trató a aquellos pueblos, no como 《dueña》, sino como 《Madre》. Por eso hacen muy bien los hispanoamericanos en llamar a España la 《MADRE PATRIA》.

Cuantos visitan aquellas tierras americanas, colonizadas por España, pueden admirar grandes Monumentos religiosos que, como testimonio de su fe profunda, levantaron allí los españoles.

Recordemos la suntuosa catedral de Méjico, con su afiligranada Capilla del Sagrario el devoto Santuario de Nuestra Señora de Guadalupe, donde se venera a la Virgen que se apareció al indio Juan Diego; y, en fin, las numerosas iglesias y catedrales de América Central y de América del Sur, particularmente de Chile, Perú y Colombia.

Note

* junto a ~ : ~와 함께   * confiar en ~ : ~을 믿다
* cuantos visitan aquellas tierras ~ : 그 땅을 방문한 모든 사람들은
                                   (=todos los que visitan ~)
* en fin : 끝내는, 드디어, 결국은

㉕ 정복, 선교, 그리고 신세계의 문명

전설 속의 영웅들과도 같은 저 탐험 대장들이 아메리카를 정복할 때 유명해지거나 부자가 되려 했다고는 생각지 말라. 그건 천만의 말씀이다. 그 정복자들 중의 대부분이 자신들이 스페인과 왕에게 소속되어 있다는 것을 잊지 않았고, 신세계를 그리스도교 세계로 만들고, 문명화시키고, 스페인이나 다른 유럽 국가들이 가졌던 모든 발전들과 상품과 산업을 그 곳에 보급시키기 위하여 신세계를 정복하기를 원했던 것이다.

그래서 그 정복자들 주위에는 항상 선교사들이 있었으며, 그 선교사들은 두려움을 몰랐고 하느님의 사랑으로 가득했으며 인디오들 사이에서 생활하면서 그들에게 천국에 이르는 길을 가르쳤다. 정복자들이 용감했다면 선교사들은 더 용감했다. 정복자들이 자신들의 무기를 신뢰하였다면 선교사들은 인간의 마음을 감동시킬 줄 아는 하느님의 은총을 신뢰하였다. 수천 명의 선교사들이 거대한 아메리카의 땅을 그들의 땀으로 적셨고, 어떤 선교사들은 그들의 피를 흘리며 순회하였다. 유명한 선교사들 중에서 산또또리비오 데 모그로베호, 성 프란시스꼬 솔라노, 성 뻬드로 끌라베르, 후니뻬로 세라 신부 등을 들 수 있다.

선교사들과 함께 스페인은 그 대륙에 교사, 기술자, 과학자, 건축가들을 보냈다. 이들 모두는 열심히 일했으며 그들의 지식을 아메리카인들에게 봉사하기 위해 사용했다. 포르투갈을 제외하고는 그 어떤 나라도 이런 식으로 문명화시키는 사업을 수행하지 못했다. 다른 나라들에게 식민지화 정책은 하나의 사업이었고 문명화시키는 대신에 그 곳의 천연 자원을 착취만 하였다.

아메리카 대륙이 발견된 지 70년 후에는 이미 그 땅에 대학, 학교, 인쇄소가 들어섰다. 또한 그들은 운하와 항구와 길을 건축했고 많은 산업을 건설했다. 그들 모두는 신대륙을 스페인과 동일하다고 여겼다. 스페인도 그 곳 주민들을 '주인'으로서가 아니라 '어머니'로서 대하였다. 그래서 중남미인들은 스페인을 '모국(MADRE PATRIA)'이라고 부르는 것을 당연하게 여겼다.

스페인에 의해 식민지화된 신대륙의 땅을 방문하는 모든 사람들은 스페인 사람들이 그들의 깊은 신앙의 증거로 세운 거대한 종교적 유물을 칭찬하게 된다.

아름다운 소성당을 가진 화려한 멕시코 주교좌 성당을 생각해 보자. 그 곳에는 인디오 후안 디에고에게 발현한 성모 마리아를 경배하는 곳인 과달루뻬의 성모 마리아 기도소가 있다. 또한 중미와 남미, 특히 칠레, 페루, 콜롬비아에도 수많은 교회들과 주교좌 성당들이 있다.

선교사

26 SAN FRANCISCO SOLANO

Uno de los extraordinarios misioneros que contribuyeron a la evangelización de las tierras americanas fue San Francisco Solano.

Nació en Montilla, provincia de Córdoba, el año 1549; a los veinte años entró en un convento de Franciscanos. Muy pronto sobresalió como gran predicador, y hasta los cuarenta años estuvo recorriendo las provincias de Andalucía enardeciendo y conmoviendo a las muchedumbres con el fuego de su palabra.

Su alma de apóstol soñaba siempre con los infieles. Al fin, sus superiores le destinaron a las misiones de América. En el mismo barco que él, iba un centenar de negros, que en seguida se hicieron sus mejores amigos. Salvado casi por milagro de un naufragio cuando se acercaba a Perú, llegó a Lima, y de allí marchó hacia las riberas de los ríos Plata y Uruguay. Iba siempre descalzo, con el hatillo de sus libros y una vihuela con cuya música amansaba los instintos salvajes de los indios. Rocas agudas cortaban sus pies; sufrió hambre, sed, calor y las amenazas de serpientes, de las fieras y de los hombers salvajes. No llenaba más armas que el Crucifijo y su confianza en Dios.

Con su santidad y sus milagros se hace admirar y querer de los indios, que le llamaban 《el dios Tupa》. Sólo el dios Tupa, decían aquellos pobrecitos, puede hacer los prodigios que el misionero hace. Cuando cruzaba los ríos, su manto le servía de barca; cuando la plaga de la langosta amenazaba con destruirlo todo, su bendición la hacía desaparecer; cuando sus compañeros tenían hambre, a una orden suya los peces salían del río; cuando un pueblo moría de sed, tocaba la roca con su pie desnudo y brotaban las aguas en abundancia; cuando la multitud huía de un toro indómito, levantaba el Santo la mano y el toro venía a lamer sus pies. Y lo mismo que los toros, lo respetaban las serpientes, los tigres y los caimanes.

Un día que se celebraban los Oficios de Jueves Santo en San Miguel del Estero, se presentó una multitud de salvajes que avanzaba en son de guerra hacia la ciudad. Los fieles, aterrados, pensaron en la fuga; otros se refugiaron en los templos. Pero he aquí que los invasores penetran en la ciudad en actitud pacífica. El Santo se había presentado ante ellos y les había dicho tales cosas que, en un instante, más de 9.000 guerreros se habían convertido a la fe cristiana.

Al cabo de diez años de peregrinar por las selvas haciendo milagros y convirtiendo a millares de indios, regresó a Lima, donde murió en el año 1610.

 Note

* **contribuir a ~** : ~에 공헌하다
* **el toro** : 투우 소만을 지칭한다
* **sufrir hambre ~** : 배고픔으로 고통을 겪다
* **no ~ más ~ que** : 오직(solamente)
* **pensar en** : ~를 곰곰이 생각하다
* **una vihuela** : 옛날의 기타, 기타와 유사한 현악기

* **en sequida** : 즉시, 곧
* **al cabo de ~** : ~의 끝에

* **presentarse** : ~나타나다

㉖ 성 프란시스꼬 솔라노

아메리카 대륙의 선교에 이바지한 뛰어난 선교사들 중의 한 명이 성 프란시스꼬 솔라노였다.

1549년 꼬르도바의 몬띠야에서 태어난 그는 20살에 프란시스꼬 교단의 한 수도원에 입단했다. 일찍이 위대한 설교자로서 두드러졌던 그는 40세가 될 때까지 안달루시아 지방을 돌면서 그의 뜨거운 설교로 군중들을 열광케 하고 감화시켰다.

그의 사도로서의 정신은 항상 신앙이 없는 사람들을 염두에 두었다. 마침내 그의 상급자들은 그에게 아메리카 선교 명령을 내렸다. 그가 탄 배에는 100명의 흑인들이 타고 있었는데 그는 곧 그들과 좋은 친구가 되었다. 페루에 거의 다 갔을 때 난파에서 거의 기적적으로 구조되어 리마에 도착했고, 그는 그 곳에서 플라타 강과 우루과이 해안으로 향했다. 그는 책 꾸러미를 끼고 인디오의 거친 성격을 달래 주는 기타를 들고는 언제나 맨발로 다녔다. 삐죽삐죽한 바위들의 날카로움은 그의 발을 베었으며 배고픔과 갈증과 더위와 뱀, 맹수, 야만인의 위협을 겪어야 했다. 그가 지닌 무기라고는 십자가와 하느님에 대한 믿음뿐이었다.

그의 신성함과 기적들은 인디오들의 숭배와 사랑을 받았으며 그들은 그를 '뚜파의 신'이라고 불렀다. 그 불쌍한 인디오들은 말하기를 오직 '뚜파의 신'만이 그 선교사가 하는 기적을 행할 수 있다는 것이었다. 강을 건널 때는 그의 망토는 배가 되었으며 바닷가재의 떼가 모든 것을 망쳐 버릴 위기에 처했을 때 그의 기도로 모두 사라졌고, 그의 동료들이 굶주렸을 때 그의 명령 하나로 강으로부터 물고기가 솟아 나왔다. 어떤 사람이 갈증으로 죽으려고 할 때 그는 맨발로 바위를 두드려서 물이 펑펑 쏟아지게 하였다. 한 무리의 사람들이 길들지 않은 황소를 피해 도망갈 때, 성자가 손을 들자 그 황소는 그의 발을 핥았다. 황소와 마찬가지로 뱀들도 호랑이도 악어도 그에게 경의를 표했다.

산 미겔 델 에스테로에서 성목요일의 제식 행사가 거행되던 어느 날, 전투 형태로 도시를 향해서 한 떼의 야만인들이 나타났다. 놀란 신자들은 도주할 것을 생각하였고 몇몇 사람들은 사원으로 피하였다. 그러나 침입자들은 평화적으로 도시를 침투해 왔다. 성자가 그들에게 가서 이야기를 하여 감화시켜 순식간에 9천 명 이상의 전사들을 크리스찬으로 개종시켰던 것이다.

숱한 기적들을 만들고 수천의 인디오를 개종시키며 십년을 밀림으로 순례한 그는 리마로 돌아왔고 1610년에 그 곳에서 세상을 떠났다.

27 CARLOS V

Te he nombrado varias veces al emperador Don Carlos, a quien se le llama también Carlos I de España y V de Alemania, o simplemente Carlos V. Era nieto de los Reyes Católicos y había nacido en Gante, ciudad de Flandes, de donde su padre era conde. Con Don Carlos empieza a reinar en España la Casa de Austria.

Al venir a España no sabía hablar nuestra lengua; esto desagradó mucho a los españoles; además, al poco tiempo de llegar, le nombraron emperador de Alemania, y tuvo que marcharse allí para hacerse cargo del Imperio Alemán. Para este viaje pidió dinero a los españoles y dejó de regente al Cardenal Adriano, que era extranjero. Todo esto hizo que algunos pueblos y ciudades de Castilla se levantaran en armas contra él. De este modo comenzó la lucha que se llamó la Guerra de los Comuneros. El ejército de los Comuneros fue totalmente vencido en la batalla de Villalar, provincia de Valladolid. Sus jefes, que se llamaban Padilla, Bravo y Maldonado, fueron condenados a muerte.

Después de esta guerra, Carlos V tuvo que luchar contra Franciso I, rey de Francia, al que venció en la batalla de Pavía, le hizo prisionero y le dio pronto la libertad. También, fue precisamente durante el reinado de Carlos V cuando Martín Lutero se negó a obedecer al Papa y separó de la Iglesia católica a muchos pueblos de Alemania, Suiza y otras naciones del Centro y Norte de Europa, que hasta entonces habían sido fieles hijos de la Iglesia católica.

En aquellos tiempos, a Carlos V le pareció que el único medio de someter a los protestantes era la guerra, y contra ellos lanzó sus ejércitos. Gracias a esta actitud de Carlos V, a los ciudadanos de la Inquisición y a las sabias decisiones del Concilio de Trento, la herejía protestante no pudo extenderse a sus anchas por el mundo. Poco a poco, Carlos V fue encariñándose más y más con España, tanto que al fin de su vida, cansado de las grandezas terrenas, dejó la corona de Alemania a su hermano Don Fernando, y la corona de España a su hijo Don Felipe, y se retiró al monasterio de Yuste, en la provincia de Cáceres, para prepararse a bien morir.

Note

* **al poco tiempo de llegar :** 도착한 지 얼마 되지 않아
* **levantarse en armas :** 모반 · 반란을 일으키다(=alzarse en armas)
* **hacerse cargo de ~ :** ~의 책임을 떠맡다
* **dejar la corona :** 왕위를 물려주다
* **Guerra de Comuneros :** '공유자들의 전쟁'
* **Flandes :** 플랑드르. 오늘날의 네덜란드와 벨기에 지방을 일컫는다.
* **el Concilio de Trento :** 트렌트 공의회. 1545~1547, 1551~1552, 1562~1563 세 차례에 걸쳐 공의회가 열렸다.

27 카를 5세

돈 카를 황제의 이름을 여러 차례 얘기했는데 그는 스페인의 카를 1세, 그리고 독일의 카를 5세라고 불리거나 단순히 카를 5세라고도 불린다. 그는 가톨릭 국왕 부처의 손자이며 플랑드르의 도시인 간떼에서 출생했고 그의 아버지는 그곳의 백작이었다. 돈 까를로스와 함께 오스트리아 왕가의 스페인 통치가 시작된다.

스페인에 왔을 때 그는 스페인어를 할 줄 몰랐다. 이 점은 스페인 사람들에겐 매우 불쾌한 일이었다. 게다가 도착한 지 얼마 안 되어서 그는 독일 황제로 임명되었으며 독일 제국의 황제직을 수행하기 위해 스페인을 떠나야만 했다. 그는 이 여행비를 스페인 국민들에게 요구했으며 외국 사람인 아드리아노 추기경에게 섭정을 맡겼다. 이러한 것들은 까스띠야의 마을과 도시들이 그에 대항해서 무력으로 반기를 들게 하였다. 이리하여 '공유자들의 전쟁'(Guerra de los Comuneros)이라 불리었던 싸움이 시작되었다. 공유자들의 군대는 바야돌리드 지방인 비얄라르 전투에서 완전히 패배했다. 빠디야, 브라보, 말도나도라고 불리었던 그들의 대장들은 모두 처형당했다.

이 전쟁 후에 카를 5세는 프랑스 왕인 프랑수아 1세와 싸워야 했다. 그는 빠비아 전투에서 승리하여 프랑스 왕을 포로로 만들었으나 그 뒤 곧 풀어 주었다. 또한 마르틴 루터가 로마 교황에게 복종하기를 거부하고 그 때까지 가톨릭 교회의 충실한 아들이었던 독일과 스위스의 많은 부족들, 그리고 중부 유럽과 북유럽의 여러 나라들을 가톨릭 교회로부터 분리시킨 것도 바로 카를 5세 때였다.

그 당시에 카를 5세는 신교도들을 굴복시키는 유일한 방법은 전쟁뿐이라는 생각을 갖게 되었으며 그의 군대를 신교도들에게 대항해 출병시켰다. 카를 5세의 이러한 정책과 종교 재판을 행한 시민들과 트리엔트 공의회의 현명한 결정 덕분에 신교는 세상에 널리 퍼지지 못했다. 점차 카를 5세는 더욱 더 스페인에 애착을 느꼈으며, 그리하여 말년에 가서는 방대한 영토에 염증을 느끼고 독일의 왕위는 아우 돈 페르디난트에게, 스페인의 왕위는 아들 돈 펠리뻬에게 물려주고서, 그 자신은 편안한 죽음을 맞이하기 위해서 까세레스 지방에 있는 유스떼 수도원으로 은퇴하였다.

카를 5세

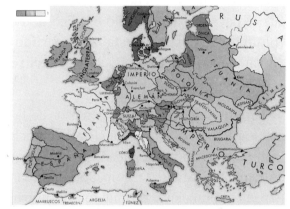

카를 5세 시대의 영토

28 FELIPE II

Felipe II, hijo del emperador Carlos V, es uno de los reyes más grandes que ha tenido España y uno de los monarcas más poderosos que ha tenido el mundo. A los inmensos dominios que le dejó su padre añadió el reino de Portugal con todas sus colonias. Sus estados estaban repartidos por Europa, Asia, África, América y Oceanía, y pudo decirse con verdad ⟪que no se ponía el sol en sus dominios⟫.

Fue muy religioso y gran defensor de la Iglesia Católica. Por eso los Papas le llamaron ⟪Brazo derecho del Catolicismo⟫. Pero ha sido muy claumniado por los enemigos de la Iglesia y de España. Durante su reinado continuaron las guerras entre España y Francia, y terminaron en la batalla de San Quintín, ganada por los españoles el 10 de agosto de 1557. En memoria de este hecho fundó el rey el Monasterio de San Lorenzo del Escorial, grandioso edificio que es a la vez convento, palacio, panteón, museo y biblioteca.

Felipe II luchó también contra los turcos, que amenazaban a toda Europa. El Papa San Pío V quiso unir a todos los príncipes cristianos contra los turcos, pero sólo España y varios estados de Italia respondieron. En el golfo de Lepanto se dio la terrible batalla naval entre la escuadra cristiana, mandada por Don Juan de Austria, y la escuadra turca. Al empezar el combate, Don Juan de Austria arengó a sus soldados diciéndoles: ⟪Cristo es vuestro general; mantened la gloria de vuestra patria.⟫ Trabado el combate. Y después de unas horas de sangrienta pelea, la armada turca quedó destrozada(7 de octubre de 1571). Para conmemorar eata victoria, San Pío V instituyó la fiesta del

Santísimo Rosario.

No tuvimos tanta suerte con la Armada Invencible. Felipe II quería con esta armada castigar a los piratas de la flota inglesa y alugnas insolencias de la protestante Isabel de Inglaterra, que perseguía a los católicos y había dado muerte a la reina católica María Estuardo. Pero una tremenda tempestad desbarató la armada, muchos buques desaparecieron y muy pocos pudieron volver a España. Felipe II murió en el Escorial tras cruel enfermedad, que soportó con ejemplar resignación cristiana, dando pruebas de la más sincera piedad.

 Note

* **en memoria de ~ :** ~의 기념으로, ~하기 위해서   * **a la vez :** 동시에
* **la Armada Invencible :** 무적 함대. Felipe 2세 때 스페인의 제해권을 상징하는 함대였으나 영국 해적을 격파시키기 위해 영국으로 항해하던 중 풍랑을 만나 침몰함으로써(1588) 스페인은 영원히 해상 통치권을 상실하게 된다.
* **dar prueba de ~ :** ~의 증거를 보이다, 제시하다
* **el Panteón :** El Escorial(엘 에스코리알)의 성 로렌소 수도원의 지하에 있는 왕들의 묘로, Carlos 1세부터 Alfonso 13세까지 스페인의 모든 왕과 왕비들의 관이 안치되어 있다.

28 펠리뻬 2세

카를 5세 황제의 아들인 펠리뻬 2세는 스페인의 가장 위대한 왕 중의 한 사람이며 세계의 가장 강력한 군주들 중의 한 사람이다. 아버지가 그에게 물려준 방대한 영토에다가 포르투갈 왕국과 그 식민지들까지도 더해졌다. 그의 국가들은 유럽, 아시아, 아프리카, 아메리카, 오세아니아에 걸쳐 있었으며, 실제로 "그의 영토에는 해가 지지 않는다"고 말할 정도였다.

그는 신앙심이 깊었으며 가톨릭 교회의 위대한 수호자였다. 그래서 교황들은 그를 가톨릭교의 오른팔이라 불렀다. 그러나 그는 교회와 스페인의 적들로부터 많은 중상 모략을 당하였다. 그의 통치 기간 중에 스페인과 프랑스 사이의 전쟁이 끊어지지 않았는데 1557년 8월 10일에 산 낀띤 전투에서 스페인의 승리로 종식되었다. 이를 기념하기 위해 왕은 에스꼬리알의 성 로렌소 수도원을 세웠는데, 이 건물은 수도원인 동시에 궁전, 종묘, 박물관, 그리고 도서관이기도 한 웅장한 건물이다.

또한 펠리뻬 2세는 전 유럽을 위협했던 터키인들과도 싸웠다. 교황 비오 5세는 터키인들에 대항하여 모든 기독교도 군주들이 단결할 것을 원했지만 단지 스

엘 에스꼬리알 궁전

펠리뻬 2세의 무적 함대

페인과 이탈리아의 몇 국가만이 이에 응하였다. 레빤또 해협에서 돈 후안에 의해 지휘된 기독교도 함대와 터키 함대 사이에 격렬한 해전이 벌어졌다. 전투가 시작됐을 때 돈 후안 데 아우스뜨리아는 "그리스도는 너희들의 편이시다. 너희 조국의 영광을 지켜야 한다"며 그의 부하들을 격려했다. 피비린내 나는 전투가 있은 지 몇 시간 후에 터키 함대는 격파당했다. 1571년 10월 7일의 일이었다. 이 승리를 기념하기 위하여 비오 5세는 '성 로사리오'(Santísimo Rosario) 축일을 정하였다.

그러나 스페인의 무적 함대는 그리 행운을 지니지는 못했다. 펠리뻬 2세는 이 함대로 가톨릭 왕비 마리아 에스뚜아르도를 죽게 했고 가톨릭 교도들을 박해했던 영국의 신교도인 엘리자베스 여왕의 무례함과 영국 함대의 해적들을 혼내 주고 싶었지만 강한 태풍으로 함대는 파괴되고 많은 배들이 물 속에 잠겼으며 단지 몇 척만이 스페인으로 귀환했다. 펠리뻬 2세는 혹독한 병을 앓고 난 후 에스꼬리알에서 죽었는데, 그는 모범적인 기독교적 의연함으로 가장 진지한 신앙의 본보기를 보여 주면서 그 병을 참아냈다.

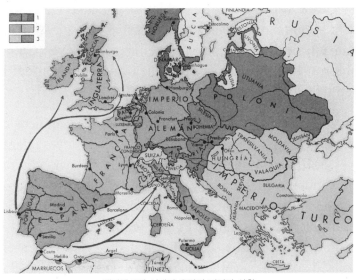

펠리뻬 2세 시대의 유럽의 정치적 상황

29 EL IMPERIO ESPAÑOL

Los descubrimientos y conquistas que hicimos los españoles en Europa, Asia, África, América y Oceanía en tiempo de los Reyes Católicos, de Carlos V y de Felipe II dieron origen al gran Imperio Español. Este imperio contenía: en Europa, España, Portugal, Países Bajos y gran parte de Italia de tiempo de Felipe II; en África, los reinos de Túnez y Orán, las islas Canarias, las del golfo de Guinea y los territorios que Portugal poseía allí; en Asia, las Filipinas y las posesiones portuguesas; en América, casi todos los territorios y la mayor parte de las islas próximas a América; y, finalmente, en Oceanía, varios archipiélagos.

Para gobernar todos estos territorios que tenían idioma, costumbres y clima muy diferente, los reyes españoles establecieron varias juntas de Gobierno, llamadas Consejos. Así había, por ejemplo, el consejo de Indias, el Consejo de Flandes, el Consejo de Italia, y otros. Además, los Reyes Católicos nombraron hombres de su confianza que cuidaron del buen gobierno de los estados.

Para el gobierno de América, tanto los Reyes Católicos como carlos V y Felipe II publicaron una serie de leyes, llamadas "Leyes de Indias", que nos causan extraordinaria admiración por lo prudentes, humanas y cristianas. Todas están llenas de amor a los indios y de preocupación por la salud de sus cuerpos y la salvación de sus almas. Esas leyes prohíben la esclavitud, ordenan que los indios sean bien tratados y se les enseñe la doctrina, disponen que el jornal que se dé al indio trabajador sea suficiente, no sólo para él, sino para su mujer y sus hijos. Todas estas leyes las publicaron los reyes españoles pensando que los indios eran sus súbditos como los españoles, y que eran hijos de Dios y hermanos nuestros. Por eso los españoles nunca tuvieron reparos en unirse con los indios y formar con ellos familias y pueblos cristianos.

Como el Imperio Español era tan inmenso, los monarcas españoles lo dividieron en varios virreinatos. Al frente de cada uno de ellos estaba un virrey, que tenía la más alta dignidad dentro de sus territorios y era el representante directo del rey. Los virreinatos más improtantes por su antigüedad y por su prosperidad fueron el de Nueva España, con capital en Méjico, y el de Perú, con la capital en Lima.

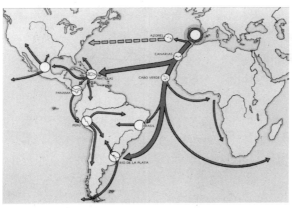

스페인 제국의 세력 확장(대서양 방면)

 Note

* **en tiempo de ~ :** ~의 (통치) 시대에   * **tanto A como B :** B만큼 A도
* **no sólo A sino(también) B :** A뿐만 아니라 B도 역시

29 스페인 제국

가톨릭 국왕 부처, 까를로스 5세, 그리고 펠리뻬 2세 시대에 유럽, 아시아, 아프리카, 아메리카, 오세아니아에서 스페인 사람들이 행했던 발견과 정복 사업은 위대한 스페인 제국의 기원을 여는 것이었다. 당시의 제국의 영토는 유럽에서는 스페인, 포르투갈, 네덜란드, 펠리뻬 2세 당시의 이탈리아 대부분, 아프리카에서는 튀니지와 오란 왕국들, 카나리아 군도, 기네아 만, 포르투갈이 그 곳에 소유하고 있던 영토들, 아시아에서는 필리핀과 포르투갈 소유의 영토들, 그리고 아메리카의 거의 모든 영토들, 아메리카에 인접한 거의 대부분의 섬들, 마지막으로 오세아니아의 많은 군도들까지 포함하고 있었다.

언어와 문화 그리고 기후가 아주 판이한 이들 모든 영토를 통치하기 위해서 스페인 왕들은 척무원(Consejo)이라는 여러 통치 기구를 설립했었다. 그러한 것들의 예로는 인도의 척무원, 플랑드르의 척무원, 이탈리아의 척무원, 그리고 기타 다른 것들이 있었다. 게다가 가톨릭 국왕 부처는 이들 지역의 효과적인 통치를 위해 그들이 신임하는 사람들을 임명했다.

카를 5세와 펠리뻬 2세뿐만 아니라 가톨릭 국왕부처는 아메리카의 통치를 위해서 '인디아의 법률'이라는 일련의 칙서를 발표했는데 이것은 신중하고 인간적이며 그리스도교적인 내용으로 매우 훌륭하다. 모든 사람들은 인디오들에 대한 사랑과 그들의 육신의 건강, 영혼의 구원을 위한 관심으로 가득해 있었다. 이 법률은 노예 제도를 금했으며 인디오들을 잘 대접하며 그들에게 교리를 가르치라고 명령했다. 그리고 인디오 노동자들에게 그 자신뿐만 아니라 그의 아내, 자녀들을 위해서도 충분한 일급을 주도록 조치했다. 스페인의 왕들은 인디오들이 스페인 사람들과 마찬가지로 하느님의 자식이며 자신들의 형제라는 것을 생각해 이러한 법률을 제정한 것이다. 그래서 스페인 사람들은 인디오들과 어울리는 것을 결코 꺼려 하지 않았으며 그들과 함께 가정과 기독교 마을을 이루었다.

스페인 제국이 너무 방대했던 탓에 스페인 왕들은 제국을 여러 개의 부왕국으로 나누었다. 각각의 부왕국에는 부왕이 있었는데, 그는 그 영토 내의 절대적 권한을 가지며 동시에 그는 군주의 직속 대표였다. 오랜 역사와 번영으로 가장 중요한 부왕국들은 멕시코에 수도를 둔 누에바 에스빠냐, 리마에 수도를 둔 페루 등이었다.

30 EL PRIMER CONTACTO ENTRE ESPAÑA Y ORIENTE

La unidad política de España se logró con el matrimonio en 1469 de los Reyes Católicos, Isabel, reina de Castilla, y Fernando, rey de Aragón. Son los reyes más célebres de la historia española. Los ejércitos de los Reyes Católicos entraron victoriosamente en Granada el 2 de enero de 1492, poniendo fin así a la Reconquista. Los árabes se sometieron a los españoles al término de casi 800 años. En el mismo año los Reyes Católicos también ayudaron a Cristobal Colón a descubrir el Nuevo Mundo. Así, España abrió una nueva época en su historia.

El imperio español se extendió también en Asia. Es decir, los españoles llegaron también a la región asiática en el siglo XVI. Miguel López Legazpi, navegante y militar español descubrió las Filipinas en 1565, y Francisco Javier, padre jesuita llegó a Japón en 1549. El contacto con el mundo occidental cambió todos los aspectos de la vida japonesa.

El primer contacto histórico entre España y Corea data del año 1593. Gregorio de Céspedes, padre español llegó a la tierra coreana el 27 de diciembre de 1593 para la misión evangélica y se convirtió en el primer europeo que pisó la tierra coreana. Céspedes, de Villanueva de Alcardete, Toledo, estuvo un año en Corea y escribió 4 cartas en Corea denunciando la invasión japonesa a Corea. El viaje de Céspedes a Corea le produjo 60 años antes que el del naúfrago holandés Hendrick Hamel. En la ciudad de Chinhae se erigió un monumento en homenaje al padre

Céspedes el 6 de septiembre de 1993. Los españoles fueron los primeros protagonistas que escribieron que la gente coreana era muy culta y civilizada.

Los descubrimientos y conquistas que hicieron los españoles en América, Asia, África en el siglo XVI dieron origen al gran imperio español. Así decían que no se ponía nunca el sol en los dominios de España. Todo el tiempo que duró esta grandeza se llama el Siglo de Oro Español.

Note

* **los árabes** : 아랍인, 무어인, 모로인
* **someterse a** : 항복하다
* **el Nuevo Mundo** : 새로운 세계, 즉 신대륙을 말한다.
* **las Filipinas** : 필리핀이란 이름은 당시 스페인 국왕 Felipe II세의 이름을 따서 las Islas Filipinas(펠리뻬 국왕의 섬들)라고 명명한 것이다.
* **Gregorio de Céspedes** : 그레고리오 데 세스뻬데스 신부는 예수회 소속으로 아버지가 마드리드 시장을 지낸(1551~1557) 가문으로 1593년 한국 땅을 최초로 밟았다. (박 철 저, 세스뻬데스 : 한국 최초 방문 서구인, 서강대 출판부, 1987년. 참조)
* **erigirse un monumento** : 기념비가 세워지다.(세스뻬데스 기념비가 진해시 풍호 근린공원에 세워져 있으며, 스페인에는 그의 고향인 똘레도 지방의 Villanueva de Alcardete 시에 문화관과 함께 세워졌다.)
* **decían que** : 무인칭 표현(~이라 말하였다)
* **el Siglo de Oro** : 황금 세기(16~17세기 스페인의 전성기를 말함)

③⓪ 스페인과 동양의 첫 접촉

스페인의 정치적 통일은 1469년 까스띠야의 이사벨 여왕과 아라곤의 페르난도 왕의 결혼과 함께 성취되었다. 이들은 스페인 역사에서 가장 유명한 왕들이다. 그 두 가톨릭 왕의 군대는 1492년 1월 2일 그라나다에 성공적으로 입성했고, 그렇게 해서 국토회복을 끝냈다. 거의 800년 만에 아랍인들은 스페인에게 항복했다. 같은 해 두 가톨릭 국왕부처는 끄리스또발 꼴론이 신대륙을 발견하도록 도와주었다. 그렇게 해서 스페인은 역사에서 새로운 장을 열었다.

스페인 제국은 아시아까지 확장되었다. 즉, 스페인 사람들은 16세기 아시아 지역에도 왔던 것이다. 스페인의 항해자이며 군인인 미겔 로페스 레가스피는 1565년 필리핀 군도를 발견했고, 예수회 신부인 프란시스꼬 하비에르는 1549년에 일본에 도착했다. 서구 세계와의 접촉은 일본의 생활의 모든 면을 바꾸었다.

스페인과 한국의 역사적인 첫 접촉은 1593년부터이다. 스페인의 신부인 그레고리오 데 세스뻬데스는 1593년 12월 27일 복음을 전하기 위해 한국에 왔으며, 그는 한국 땅을 밟은 첫 유럽인이 되었다. 똘레도의 비야누에바 데 알까르데떼 마을 출신인 세스뻬데스 신부는 한국에서 1년간 머물렀고, 한국에서 일본의 한국 침략을 고발하는 4통의 편지를 썼다. 세스뻬데스의 한국 여행은 난파된 네덜란드인 헨드리크 하멜의 여행보다 60년 전에 일어났다. 진해에는 1993년 9월 6일 세스뻬데스 신부를 기리는 기념비가 세워졌다. 스페인 사람들은 한국인이 매우 박식하고 문명화되었다고 기록한 첫 주인공이었다.

16세기 아메리카, 아시아, 아프리카에서 스페인 사람들이 이룩한 발견과 정복은 위대한 스페인의 기원이 되었다. 그래서 스페인 영토에는 해가 지지 않는다고들 말했다. 이 위대함이 지속되었던 모든 시대를 스페인의 황금 세기라고 부른다.

한국 최초 방문 스페인 신부 세스뻬데스 기념 조형물 축성식
스페인 라만차 지방의 Villanueva de Alcardete 시(1991년 11월)

31 EL SIGLO DE ORO

Cuando España era tan grande que sus dominios se extendían por todo el Mundo, tuvo la suerte de contar entre sus hijos a muchos hombres extraordinarios que asombraron al mundo entero por su valor, por su saber, por su arte y por su santidad. Todo el tiempo que duró esta grandeza de España se llama "Siglo de Oro Español".

En realidad duró más de un siglo, y comprendió los reinados de los Reyes Católicos, Carlos V, Felipe II, Felipe III y Felipe IV.

Durante el Siglo de Oro hubo en España invictos guerreros, como Don Juan de Austria, del que ya sabes que fue el vencedor de los turcos en Lepanto; intrépidos navegantes, como Don Alvaro de Bazán; ilustres escritores, come Lope de Vega, que compuso muchas obras de teatro; y Don Miguel de Cervantes Saavedra, que fue el autor de El Quijote.

Fueron pintores de gran fama Velázquez, que pintó muchos cuadros, por ejemplo, las Meninas; y Murillo, que pintó los cuadros de la Inmaculada.

Gregorio Fernández y Berruguete esculpieron estatuas bellísims e hicieron numerosos pasos para la Semana Santa. El arquitecto que más llamó la atención fue Juan de Herrera, que dirigió la construcción de El Escorial.

En fin, que España ocupó el primer puesto de Europa en todas las artes y ciencias, en la guerra y en la política.

Hubo también grandes santos como Santa Teresa de Jesús, que

recorrió España entera, dejando por todas partes el recuerdo de su gracia, de su sencillez y de su virtud; no sin motivo se la ha llamado la 《Santa Andariega》; y San Juan de la Cruz, el místico de una delicadeza extraordinaria.

RESPONDE :

¿A qué se llama el Siglo de Oro español? — ¿Cuáles fueron los escritores más famosos? — ¿Nombra los pintores, escultores y arquitectos más importantes — ¿Quiénes se distinguieron por su santidad?

Note

* **tan A que B** : 너무 A 해서 B 하다
* **Lope de Vega와 Don Miguel de Cervantes Saavedra** : p.124 참조
* **Santa Teresa de Jesús** : 산따 떼레사 데 헤수스, 1515~1582. 스페인 3대 신비주의 작가 중의 한 사람인 이 성녀는 하느님과의 영적 접촉을 황홀하게 표현한 많은 분량의 문학 작품을 남겼다. 그녀의 대표적인 작품으로는 자신의 생애를 그린 "Libro de su vida"(自傳)이 있다.
* **San Juan de la Cruz** : 산 후안 데 라 끄루스, 1542~1591. 3대 신비주의 작가들 중의 한 사람으로 그는 신비에 대한 교리를 하나의 독립된 세계로 확립했으며 우아하고 명쾌하고 유쾌한 것이 그의 문체의 특징이다. 대표작으로는 "Noche oscura del alma"(영혼의 어두운 밤)이 있다.

31 황금 세기

스페인이 매우 강해져 전세계로 그 세가 확장되었을 때, 그들의 후손들은 용기, 지식, 예술, 그리고 성스러움으로 인해 전세계를 놀라게 했던 많은 훌륭한 사람들을 꼽아 볼 수 있는 행운을 가졌다. 이렇게 스페인의 위대함이 지속됐던 모든 기간을 스페인의 황금 세기라고 한다.

실제로 이 기간은 1세기 이상 지속됐으며 가톨릭 국왕 부처와 까를로스 5세, 펠리뻬 2세, 3세, 그리고 4세의 통치 기간을 포함한다.

황금 세기 동안 스페인에는 레빤또에서 터키 군을 물리친 승리자였던 돈 후안과 같은 무적의 무사들, 돈 알바로 데 바산과 같은 대담한 항해자, 수많은 극작품을 쓴 로뻬 데 베가와 돈 끼호떼의 작가인 돈 미겔 데 세르반떼스 사아베드라와 같은 훌륭한 작가들이 있었다.

수많은 그림들, 예를 들면, '시녀들' 같은 작품을 그린 벨라스께스와 '동정 마리아'를 그린 무리요는 위대한 명성을 얻은 화가들이었다.

벨라스께스의 작품 '시녀들'

엘 그레꼬의 작품 '오르가스 백작의 장례'

그레고리오 페르난데스와 베루게떼는 아름다운 동상들을 조각하였으며 성주 간을 위하여 많은 길을 냈다. 가장 주목을 끌었던 건축가는 후안 데 에레라였으며, 그는 엘 에스꼬리알 사원 건축을 감독했다. 마침내 스페인은 전쟁과 정치에서, 그리고 모든 예술과 학문에서 유럽 제1의 위치를 차지했다.

또한 전 스페인을 배회하면서 모든 곳에 은총, 소박, 그리고 덕행을 남긴 산따 떼레사 데 헤수스와 특출한 섬세함을 지닌 신비주의자 산 후안 데 라 끄루스 같은 성인들이 있었다. 산따 떼레사를 '돌아다니는 성녀'라고 하는 것도 괜한 일이 아니다.

32 CERVANTES Y LOPE DE VEGA

Don Miguel de Cervantes Saavedra, llamado 《El Príncipe de los Ingenios》, es el más eminente de los escritores españoles y uno de los primeros del mundo. Nació en Alcalá de Henares en el año 1547. Fueron sus padres el cirujano Rodrigo Cervantes y doña Leonor de Cortina.

La vida de Cervantes está llena de percances y contrariedades. A los veintidós años fue a Italia, y un año después se hizo soldado. El 7 de octubre de 1571 tomó parte a bordo de la galera Marquesa en la gloriosa batalla de Lepanto. Aunque estaba enfermo no quiso quedarse sin combatir; durante la lucha, un disparo de arcabuz le hirió en el pecho y en la mano izquierda. Esta le quedó inválida. Tan pronto como estuvo sano, tomó parte en otras expediciones guerreras, y al volver a España, la galera Sol en que viajaba fue apresada por unos piratas, y Cervantes llevado cautivo a Argel. Allí pasó cinco años de penalidades, intentó varias veces fugarse, pero no pudo lograrlo, hasta que un fraile trinitario pagó su rescate. Vuelto a España desempeñó algunos cargos de poca importancia y sufrió dos veces la cárcel sin culpa propia.

Parece increíble que con una vida de tantos disgustos y tribulaciones pudiera componer Cervantes tantas y tan importantes obras. Escribió algunas novelas, como las doce que tituló Novelas ejemplares. Pero su obra inmortal es el ingenioso hidalgo Don Quijote de la Mancha, que es la novela más famosa del mundo entero y ha sido traducida a todos los idiomas.

Lope de Vega es el creador del teatro nacional. Compuso cientos y cientos de comedias, dramas y tragedias. Nació en Madrid de familia humilde. Siempre fue extraordinario; a los cinco años, por ejemplo, sabía leer el latín. Estudió en Alcalá de Henares. Fue soldado de la Armada Invencible. A los cincuenta y dos años se ordenó de sacerdote. Pero toda su vida fue muy azarosa; murió en Madrid el año 1635.

En las obras de teatro de Lope de Vega se han inspirado muchos autores españoles y extranjeros.

미겔 데 세르반떼스　　　　세르반떼스 상 앞의 돈 끼호테와 산초 빤사

 Note

* **tan pronto como ~ :** ~하자마자
* **Lope de Vega :** 로뻬 데 베가, 1562~1635. 스페인의 셰익스피어라고 하겠다. 그는 전통적인 고전주의의 연극 법칙(아리스토텔레스의 연극의 삼일치)이 스페인 사람의 기질에 적합치 않다는 것을 간파하고 거기에서 과감히 탈피하여 새로운 사상에 적합한 민중 연극을 창시함으로써 연극은 대중 생활에 완전히 침투되어 대중을 위한 대중의 연극이 되었다.
* **El ingenioso hidalgo Don Quijote de la Mancha :** 1605년에 발간된 「돈 끼호테」의 원제목이다.

32 세르반떼스와 로뻬 데 베가

'재능의 왕자'라고 불리는 돈 미겔 데 세르반떼스 사아베드라는 스페인의 작가 중에서 가장 뛰어난 사람이며 세계 최고의 작가들 중의 하나이다. 그는 1547년 알깔라 데 에나레스에서 태어났다. 그의 양친은 외과 의사인 로드리고 세르반떼스와 레오노르 데 꼬르띠나이다.

세르반떼스의 생애는 역경과 시련투성이였다. 22살에 이탈리아로 가서 1년 후 군인이 된다. 1571년 10월 7일에 '후작 부인'이라는 배를 타고서 영광스러운 레빤또 해전에 참여했다. 그는 몸이 아팠음에도 불구하고, 전투에서 빠질 생각은 없었다. 전투에서 그는 가슴과 왼쪽 손에 총탄을 맞았다. 이로 인해 그는 불구가 된다. 몸이 완쾌되자마자 다른 전투에 참가했으며, 스페인으로 돌아올 때는 타고 온 범선인 솔 호가 해적들에 의해 납치되어 세르반떼스는 알제리에 포로로 끌려간다. 거기서 그는 5년 동안 고통의 세월을 보내면서 수차례 탈출을 시도했으나 실패에 그치고 만다. 스페인으로 돌아온 그는 대수롭지 않은 직책을 맡았으며, 자신의 잘못도 없이 두 번이나 감옥에 들어갔다.

그러한 고난과 역경의 생애에도 세르반떼스가 그토록 많은 중요한 작품들을 저술할 수 있었다는 것은 도저히 믿을 수 없는 것처럼 보인다. 그는 「모범 소설집」(Novelas ejemplares)이라는 표제로 12작품의 소설을 썼다. 그러나 그의 불후의 명작은 「재치 있는 시골 귀족 돈 끼호테 데 라 만차」로, 이 작품은 세계에서 가장 유명한 소설이며 세계 각국어로 번역되었다.

로뻬 데 베가는 국민 연극의 창시자이다. 그는 수많은 희·비극 작품과 드라마를 저술했다. 그는 마드리드의 비천한 가문에서 태어났다. 그는 항상 비범했다. 예를 들어 5살 때 라틴어를 읽을 줄 알았다. 그는 알깔라 데 에나레스에서 공부했고, 무적 함대의 군인이 되었다. 그는 52세에 수도사가 되었으나 전 생애는 불운했고 1635년 마드리드에서 죽었다.

로뻬 데 베가의 극작품에서 많은 스페인 작가들과 외국 작가들은 영감을 받았다.

33 LOS ÚLTIMOS AUSTRIAS

Antes de que te hable de los últimos Austrias responde a estas tres preguntas: 1. ¿Cómo se llamaba el rey con el que empieza a reinar en España la familia o dinastía de Austria? 2. ¿Quién fue el segundo rey de esa dinastía? 3. ¿De quién era nieto Carlos V?

Los últimos Austrias fueron Felipe III, Felipe IV y Carlos II.

Felipe III era hijo de Felipe II, y le sucedió en el trono de España. Era Feipe III de carácter débil, algo perezoso e indolente. Para no tener preocupaciones encargó del gobierno al Duque de Lerma. Pero este señor lo hizo muy mal, y su gran preocupación fue aumentar sus propidades y su fortuna.

Durante este tiempo empezó en Alemania la guerra que se llama de Treinta Años, entre los católicos y los protestantes. Los ejércitos españoles ayudaron a los católicos.

Otro hecho de este reinado fue expulsar de España a los moros que habían quedado después de la Reconquista. A estos individuos, que les llamaban moriscos, les permitieron quedarse en España con la condición de portarse bien. Pero daban tanta guerra que hubo que echarlos.

Felipe IV sucedió a Felipe III. También Felipe IV quiso ahorrarse preocupaciones y encargó de gobernar al Conde-Duque de Olivares. Era éste un hombre trabajador y de talento, pero de poca vista política.

Nuestros ejércitos siguieron luchando en Alemania y en los Países Bajos; una de sus hazañas fue la rendición de Breda, que

Velázquez inmortalizó en el cuadro de Las Lanzas. Pero algunos años después de este triunfo, nuestros gloriosos tercios quedaron deshechos al ser derrotados en la batalla de Rocroi(Francia). Fue su primera derrota desde los tiempos del Gran Capitán.

Otro suceso doloroso de este reinado fue la separación de Portugal, que durante mucho tiempo había estado unido a España formando con ella una única nación grande y poderosa.

Carios II fue el último de los Austrias; era hijo de Felipe IV. Tuvo siempre una salud muy delicada, que no le dejó gobernar con acierto. No tuvo hijos, y por eso al morir dejó el trono a Felipe de Borbón nieto del rey de Francia, Luis XIV.

RESPONDE :

¿Quién sucedió a Felipe II? — ¿A quién entregó el gobierno? — ¿A quién expulsó de España? — ¿Quién sucedió a Felipe IV? — ¿A quién dejó el gobierno? — ¿En qué batalla fueron derrotados nuestros Tercios? — ¿Qué sucedió con Portugal durante este reinado?

까를로스 2세 입회 하에 거행된 종교 재판

33 최후의 오스트리아 왕가

최후의 오스트리아 왕가를 말하기 이전에 이런 세 가지 질문에 대답을 해 보라. 1. 오스트리아 왕가나 왕조에서 스페인을 다스리기 시작한 왕의 이름은 무엇인가? 2. 이 왕조의 두 번째 왕은 누구인가? 3. 까를로스 5세는 누구의 손자인가?

오스트리아 왕가의 마지막 군주들은 펠리뻬 3세, 펠리뻬 4세, 까를로스 2 세이다.

펠리뻬 3세는 펠리뻬 2세의 아들이고 스페인의 왕위를 계승했다. 우유 부단한 성격의 소유자였던 펠리뻬 3세는 게으르고 나태했다. 그는 신경을 쓰지 않으려고 국정을 레르마 공작에게 위임했다. 그러나 레르마 공작은 그것을 악용했고 그의 관심은 재물과 재산을 증식시키는 데 있었다.

이 시기에 독일에서는 신교와 구교 사이에 '30년 전쟁'이라고 불리는 전쟁이 시작되었는데 스페인 군대는 구교를 지원했다.

이 왕가의 통치 기간 중 다른 사건은 국토 회복 운동 이후에 남아 있었던 모로족들을 스페인에서 추방한 일이다. 이들 모로인들을 일컬어 모리스꼬라 불렀고, 이들은 행실을 잘 하겠다는 조건으로 스페인에 머물 수 있었다. 그러나 이들은 수많은 문제를 일으켰고 결국 쫓아낼 수밖에 없었다.

펠리뻬 4세는 펠리뻬 3세의 왕위를 이어받았다. 펠리뻬 4세도 역시 근심 걱정을 피하고 싶어했으므로 올리바레스 대공에게 국정을 위임했다. 이 사람은 재능이 있고 성실한 사람이었으나 정치적 식견은 거의 없었다.

스페인 군대는 독일과 네덜란드에서 싸움을 계속하고 있었다. 그들의 공적 중의 하나는 브레다를 항복시킨 것이었으며, 이 사건은 그것은 벨라스께스가 '창'이라는 그림에 그려 영원히 보존시켰다. 그러나 브레다의 승리로부터 몇 년 후 스페인의 영광스러운 보병 연대는 로크루아(프랑스) 전투에서 패배하면서 괴멸

되었다. 대제국(Gran Capitán) 시대 이래로 첫 번째의 패배였다.

이 시대의 또 다른 고통스런 사건은 포르투갈의 분리였다. 포르투갈은 오랫동안 스페인과 함께 위대하고 강력한 나라를 형성하면서 연합되어 있었다.

까를로스 2세가 오스트리아 왕조 최후의 왕이다. 그는 펠리뻬 4세의 아들이었다. 그는 몹시 허약했기 때문에 제대로 통치할 수 없었다. 그는 아들이 없었던 관계로 그가 죽었을 때 부르봉 왕가 프랑스의 루이 14세의 손자인 펠리뻬에게 왕위를 물려주었다.

펠리뻬 3세

 Note

* **Antes de que +** 접속법 시제 : ~을 하기 전에
* **le sucedió en el trono de España** : 스페인의 왕위를 계승하였다
* **los Países Bajos(=la Holanda)** : 네덜란드
* **haber que +** *inf* : ~ 해야만 하다
* **los moriscos** : 아랍인으로서 기독교로 개종한 후에 스페인 땅에 남아 거주하던 사람들을 일컫는다.

34 CASA DE BORBÓN

Cuando murió Carlos II, aunque en su testamento mandaba que le sucediera en el trono de España Felipe V de Borbón, sin embargo, hubo otros príncipes europeos que quisieron ser reyes de nuestra patria. Por ejemplo, Don Carlos de Austria. Esto hizo que Felipe V defendiera sus derechos con las armas, y que comenzara la Guerra de Sucesión. A Felipe V le ayudaba Francia y la mayoría de los españoles. Al fin triunfó Felipe V y pudo dedicarse a gobernar a España. Pero los ingleses, que se habían apoderado de Gibraltar, se quedaron injustamente con él. También perdimos en esta guerra nuestras posesiones de Italia.

A Felipe V le sucedieron sus dos hijos: primero Fernando VI, y luego, Carlos III.

Carlos III era un hombre inteligente, bueno y activo; fundó el Museo del Prado y embelleció a Madrid con hermosos edificios y jardines. Le ayudaron en el gobierno algunos ministros inteligentes, pero opuestos a la Iglesia Católica.

El sucesor de Carlos III, que era de carácter bonachón y poco enérgico. No valía para mandar y se dejó gobernar por su esposa María Luisa de Parma y por Manuel Godoy. Este ministro tenía poco talento, era ambicioso y buscaba su propia gloria y beneficio; por eso fue culpable de algunas desgracias que sobrevinieron a España.

Por ejemplo, firmó un tratado con los franceses que nos llevó a la guerra contra Inglaterra, durante la cual, por indecision e imprudencia del almirante francés, perdimos nuestra escuadra en la batalla de Trafalgar.

Durante este reinado, Napoleón Bonaparte, que se había puesto al frente de Francia, intentó apoderarse de España y puso aquí de rey a su hermano José Bonaparte. Comenzó por engañar a Carlos IV y a su ministro Godoy. Luego trajo a España sus ejércitos y, sin ninguna dificultad, los introdujo en Madrid y en cuantos sitios quiso. Finalmente, por engaño se llevó a Carlos IV a una población francesa llamada Bayona.

Los españoles cayeron pronto en la cuenta del engaño y se lanzaron a las armas para echar de España a Napoleón y a sus tropas.

부르봉 왕가 최초의 왕 펠리뻬 5세   까를로스 3세

 Note

* **poner aquí de rey a su hermano ~** : ~를 왕으로 앉히다
* **caer en cuenta** : 깨닫다
* **dedicarse a** : ~에 전념하다
* **comenzar por + *inf*** : ~부터 시작하다
* **los príncipes** : 군주들
* **Manuel Godoy** : Carlos 4세 시대에 벼락 출세하여 재상에까지 이른 인물이다.

34 부르봉 왕가

까를로스 2세가 죽었을 때 그의 유언에 따라 부르봉 왕가의 펠리뻬 5세가 왕위를 계승했지만 스페인의 왕위를 노리는 유럽의 다른 군주들이 있었다. 예로 오스트리아 왕가의 돈 까를로스가 있다. 이는 펠리뻬 5세로 하여금 군대의 힘으로 자신의 권리를 방어하게 만들어 '왕위 계승 전쟁'(la Guerra de Sucesión)을 발발시켰다. 펠리뻬는 스페인 국민 대다수의 지지와 프랑스의 도움을 받았다. 마침내 펠리뻬가 승리하여 스페인을 통치할 수 있게 되었다. 그러나 지브롤터를 영국인들이 점령하여 부당하게 그 곳에 남게 되었으며 또한 이 전쟁으로 스페인은 이탈리아의 소유권을 잃었다.

그의 두 아들이 펠리뻬 5세를 계승했는데, 먼저가 페르난도 6세였고, 나중이 까를로스 3세였다.

까를로스 3세는 명석하고 성품이 좋고 활동적인 사람이었다, 그는 쁘라도 박물관을 세우고 아름다운 건물과 정원으로 마드리드를 아름답게 꾸몄다. 그는 통치 중에 총명하지만 가톨릭 교회에 반발하는 대신들로부터 도움을 받았다.

까를로스 3세의 후계자는 성품은 좋았으나 그리 활동적이지 못했다. 통치력이 부족했던 그는 부인 마리아 루이사 데 빠르마와 마누엘 고도이가 통치하도록 내버려 두었다. 거의 재능이 없는 이 대신은 야심만 커서 자신의 영예와 부만을 추구하였다. 그리하여 그는 스페인에 불어 닥칠 불행의 주범이 된다.

예를 들면, 영국에 대항해서 전쟁을 하도록 스페인을 내몬 프랑스인들과 협정을 조인했는데, 전쟁 동안에 프랑스 제독의 우유 부단함과 경솔함으로 인해 스페인은 트라팔가 해전에서 참패하고 만다.

이 통치 기간 중에 나폴레옹 보나파르트는 프랑스 군대의 선봉에 서서 스페인을 점령하려고 했으며 동생 호세 보나파르트를 스페인의 왕으로 임명했다. 그는 까를로스 4세와 고도이 대신을 속이는 일부터 시작했다. 그런 후에 나폴레옹 군대를 스페인에 들어오게 하고 아무 어려움 없이 마드리드와 그들이 원하는 장소로 끌어들였다. 그리고는 속임수를 써서 '바욘' 이라는 프랑스 도시로 까를로스 4세를 데리고 갔다.

　스페인 국민들은 이런 속임수를 깨닫고 나폴레옹과 그의 군대들을 스페인에서 내쫓기 위해서 전투를 벌였다.

펠리뻬 5세에 의해 세워진 마드리드 왕궁

35 GUERRA DE LA INDEPENDENCIA

Madrid veía con malos ojos la presencia de los soldados de Napoleón. El menor chispazo produciría una gran explosión. Y el chispazo fue el siguiente:

Corría por la ciudad la noticia de que Napoleón había mandado llevar a Bayona a los hijos y nietos de Carlos IV, únicos miembros de la familia real que quedaban en Madrid. El pueblo madrileño iba llenando la plaza del Palacio. Se decía que uno de los infantes lloraba, porque no quería dejar Madrid. De pronto, se hizo un profundo silencio. Un piquete de soldados de Napoleón se abrió paso y se dirigió al Palacio. ¿Querrán llevarse por la fuerza a los infantes?, se preguntaban los presentes. En esto una voz grita: ¡Que nos los llevan! No hizo falta más. La gente, armada de navajas, tijeras y agujas de coser colchones, se abalanzó sobre los invasores.

Poco después, aparecieron tropas de Napoleón, que, sin previo aviso, dispararon sus fusiles aobre los madrileños. Estos, indignados, corrieron en busca de armas y dieron muerte a cuantos soldados encontraron. Todo Madrid se convirtió en un campo de batalla. A este día del levantamiento de los madrileños contra Napoleón se le conoce en la Historia con el nombre glorioso de 《El Dos de Mayo》. Era el año 1808.

Entre los héroes del Dos de Mayo se distinguieron Daoíz y Velarde. Eran dos oficiales del Parque de Artillería que, ayudados por el teniente Ruiz, se unieron al pueblo y lucharon heróicamente, a pesar de que el capitán general les había prohibido salir de los cuarteles. A los primeros días de lucha se sucedieron otros en los que muchos madrileños murieron fusilados por haberse encontrado armas en su poder.

El horror de estos fusilamientos pronto se extendió por España y todas las provincias se alzaron contra el invasor. Después de una lucha implacable de guerrillas, los españoles vencieron en las batallas de Bailén, Talavera, Vitoria y San Marcial. Así obligaron a Napoleón, a su hermano José Bonaparte y a todos sus soldados a salir de España y a devolvernos nuestro rey.

1808년, 나폴레옹의 마드리드 입성

Note

* sin previo aviso : 예고 없이
* se convirtió en un campo de batalla : 전쟁터로 변해 버렸다
* las tijeras : 가위(항상 복수로 쓴다)

35 독립 전쟁

마드리드는 나폴레옹 군대의 주둔을 불만스럽게 주시하고 있었다. 작은 불똥 하나가 커다란 폭발을 일으킬 것 같았다. 그 불똥은 다음과 같이 튀고 말았다.

나폴레옹이 마드리드에 남아 있는 유일한 왕실 가족인 까를로스 4세의 자녀들과 손자들을 바욘으로 데리고 오도록 명령했다는 소문이 도시를 떠돌았다. 마드리드 시민들은 왕궁의 광장에 모여들었다. 마드리드를 떠나기 싫었기 때문에 왕자 중의 한 명이 울고 있었다고 한다. 갑자기 무거운 침묵이 흘렀다. 나폴레옹 군의 한 부대가 길을 트고 왕궁으로 향했다. 모인 사람들은 과연 그들이 강제로 왕자들을 데려가려 할까? 하는 의문을 제기하고 있었다. 그 때 한 외침이 들렸다. 그들을 우리에게서 데려가려한다! 더 이상 아무 말도 필요하지 않았다. 칼과 가위, 침대 매트리스를 꿰매는 바늘로 무장한 사람들이 침략자를 향해 덤벼들었다.

잠시 후 사전 경고도 없이 나폴레옹의 군대가 나타나서 마드리드 시민들에게 총격을 퍼부었다. 분개한 시민들은 무기를 찾아내 마주치는 병사는 모두 죽여 버렸다. 마드리드 시 전체는 전쟁터로 변했다. 나폴레옹에 대항하여 마드리드 시민이 봉기한 이 날은 역사에 《5월 2일》이라는 영광스런 이름으로 함께 남아 있다. 때는 1808년이었다.

5월 2일의 영웅 중에서 다오이스와 벨라르데가 두드러진다. 포병대 출신의 두 장교였던 이들은 사령관이 군부대 이탈을 금지시켰음에도 불구하고 루이스 중위의 도움을 받아 시민들과 연합하여 영웅적으로 싸웠다. 전투 개시 후 며칠 동안에 다른 봉기가 잇달았으며 많은 시민들이 무기를 지녔다는 이유로 적들의 손에 총살되었다.

이러한 총살에 대한 공포는 곧 스페인 전역으로 퍼져 나가 각 지에서 침략자에 대항해 들고 일어났다. 유격대들의 처절한 전투 후에 스페인 사람들은 바일렌, 딸라베라, 비또리아, 산 마르시알 전투에서 승리를 거두었다. 그리히여 나폴레옹과 그의 동생 호세 보나파르트, 그리고 그의 모든 병사들이 스페인을 떠날 수 밖에 없었고 스페인의 군주는 되돌아올 수 있게 되었다.

36 LOS SITIOS DE ZARAGOZA

Los sitios de Zaragoza son una de las páginas más heroicas de la guerra de la Independencia.

Las tropas del general francés Lefebvre, que habían vencido en Tudela a las españolas, avanzaban rápidamente sobre Zaragoza. Palafox había organizado la defensa. El 15 de junio de 1808 empezó el asedio. El 4 de agosto el general sitiador mandó a Palafox este lacónico mensaje: 《PAZ Y CAPITULACIÓN》. Palafox contestó con la misma brevedad: 《GUERRA Y CUCHILLO》.

El día 14 de agosto, debido a la encarnizada resistencia de los sitiados y las noticias de la marcha general de la guerra, poco favorable a los asaltantes, tienen éstos que desistir y retirarse.

La ciudad había sufrido 60 días de terrible asedio, y había tenido unas 2.000 bajas. Pero las tropas napoleónicas habían perdido 4.000 hombres.

En este primer sitio se distinguió la joven Agustina de Aragón. Esta heroica mujer, viendo a los enemigos acercarse a las puertas del Portillo, arrancó la mecha aún encendida y disparó el cañón, haciendo retroceder a los asaltantes.

Levantado el primer sitio, los zaragozanos respiraron un poco.

Pero la terrible lucha había de empezar otra vez. Cuarenta mil hombres con gran aparato de artillería volvieron a sitiar a Zaragoza. Los zaragozanos rechazaron con valentía los asaltos. La lucha cada vez se hacía más violenta. Comenzaron a escasear los alimentos y el número de enfermos aumentaba. A partir del 10 de enero de 1809 los bombardeos sobre Zaragoza arreciaron. Casas, templos y conventos iban quedando en ruinas. El día 24 se propuso otra vez la rendición, que Palafox volvió a rechazar con gran entereza. El 26 hubo un bombardeo terrible; el 27, un asalto general. Cada día aumentaba el número de atacantes y eran menos cada vez los defensores. El mes de febrero fue el más horroroso. Palafox cayó enfermo, y la Junta de Defensa consideró imposible seguir resistiendo y capituló. El segundo sitio había durado setenta y tres días de heroica resistencia. Hubo 20.000 muertos; los atacantes perdieron 8.000 hombres.

RESPONDE :

¿Quién dirigió la defensa de Zaragoza? —¿Cuánto duró el primer sitio? —¿Qué contestó Palafox a la propuesta de capitulación? —¿Qué mujer se distinguió en el primer sitio? — ¿En qué mes empieza el segundo sitio? —¿Quién entregó la ciudad?

Note

* **debido a ~ :** ~에 의해서, 때문에
* **a partir de . .** ~ 이래로
* **La lucha cada vez se hacía más violenta :** 전투는 점점 더 치열해졌다.
* **Hubo :** hay의 과거형으로 단 · 복수에 함께 쓰인다.

36 사라고사의 포위전

사라고사의 포위는 독립 전쟁에 있어서 가장 영웅적인 장(章) 중의 하나이다.

프랑스 장군 르페브르의 군대는 뚜델라에서 스페인을 물리치고 재빨리 사라고사로 진격했다. 빨라폭스는 방어군을 조직했다. 1808년 6월 15일, 포위 공격이 시작되었다. 8월 4일, 포위군의 장군은 빨라폭스에게 이와 같은 간결한 전문을 보냈다. '평화와 항복 협정'. 빨라폭스도 마찬가지로 짧게 응답을 보냈다. '전쟁과 칼'.

8월 14일에 방어군의 완강한 저항과 공격군 측에 불리한 전황 소식들로 말미암아 프랑스 군은 단념하고 후퇴할 수밖에 없었다.

사라고사 시는 지독한 60일간의 포위 공격으로 고통을 겪어야 했고 2,000명이 전사했다. 그러나 나폴레옹의 군대는 4,000의 병력을 잃었다.

이 첫 번째 포위전에서 젊은 여인 아구스띠나 데 아라곤이 두드러진다. 이 영웅적인 여성은 뽀르띠요의 문으로 다가오는 적군을 보자 아직까지 불이 붙어 타고 있는 도화선을 뽑아 내어 대포를 쏘았고 적군을 후퇴하게 만들었다.

첫 포위가 풀어지자 사라고사 사람들은 약간은 안도의 숨을 쉴 수 있었다.

사라고사 시 전경

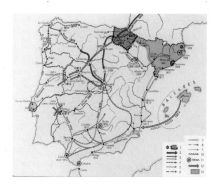

나폴레옹 전쟁

그러나 처절한 싸움은 또다시 시작되어야 했다. 거대한 포병대를 갖춘 40,000명의 병사들이 다시금 사라고사를 포위했다. 사라고사 사람들은 용감히 공격군에게 저항했다. 싸움은 점점 더 치열해졌다. 식량이 모자라기 시작했고 부상자 수는 늘어 갔다. 1809년 1월 10일부터 사라고사에 대한 포격은 심해졌다. 집과 사원과 수도원들이 황폐화되었다. 24일 또다시 항복을 제의해 왔다. 그러나 빨라폭스가 거대한 불굴의 의지로 다시 거절하였다. 26일에 끔찍한 포격이, 27일에는 총공격이 있었다. 점점 공격군의 수는 늘어 갔고 방어군의 수는 줄어 갔다. 2월은 가장 처참한 달이었다. 빨라폭스는 병석에 눕고 방어군은 저항을 계속하는 것이 불가능하다고 생각하고 항복했다. 두 번째 포위전은 73일 동안의 영웅적인 저항을 지속했다. 사망자는 20,000명이었고 공격자 측에서는 8,000명을 잃었다.

37 FERNANDO VII

Cuando terminó la guerra de la Independencia comenzó a reinar en España Fernando VII. que era hijo de Carlos IV. El reinado de Fernado VII no fue de paz y de sosiego, sino de continuas revueltas y luchas políticas, promovidas por los masones y por las ideas revolucionarias que se habían metido entre los españoles.

Estas mismas ideas revolucionarias penetraron también en América por medio de periódicos y libros ingleses y franceses, que querían desprestigiar y calumniar a España. El fruto de estos escritos y de la acción de los masones fue que nuestras colonias de América comenzaron a separarse de la Madre Patria. Dos valientes generales, Bolívar y San Martín, fueron los que querían separarse de España. En pocos años se separaron de nosotros todas las naciones americanas, menos Cuba y Puerto Rico.

Para ir a combatir a los insurrectos de América estaba en Andalucía un fuerte ejército. Poco antes de subir a los barcos, un coronel masón y revolucionario, llamado Riego, logró sublevar a las tropas. El Rey tuvo que ceder a las peticiones de los revolucionarios y el ejército no fue a América. En otra revuelta, Riego fue hecho prisionero y sentenciado a muerte. Antes de morir, hizo por escrito una retractación solemne, en la que pedía perdon a Dios por todos sus pecados, y a España por todos los males que había causado.

El reinado de Fernando VII tocaba a su fin. El rey se encontraba moribundo en La Granja, y como no tenía más que una hija, Doña Isabel, para que pudiera reinar suprimió la Ley Sálica; esta ley decía que ninguna mujer podía ocupar el trono de España. Este hecho fue la causa de las guerras carlistas. Llamadas así porque Don Carlos, que era hermano de Fernando VII, decía que el gobierno de España le correspondía a él y no a Doña Isabel.

RESPONDE :

¿Quién reinó en España después de la guerra de la Independencia? — ¿Por qué no fue de paz su reinado? ¿Cómo penetraron en América las ideas liberales y revolucionarias? — ¿A qué dieron origen? — ¿Quiénes fueron los jefes de la lucha americana contra la Madre Patria? — ¿ Qué naciones no se separaron de España? — ¿Qué era la Ley Sálica? — ¿Por qué la suprimió Fernando VII?

 Note

* **los masones :** 프리메이슨 단원
* **Simón Bolívar :** 시몬 볼리바르. 베네수엘라와 콜롬비아 등 남미 5개 지역 독립의 영웅이다.
* **sentenciado a muerte :** 사형 선고를 받은
* **retractación :** 앞에서 말했던 것을 취소 내지는 철회하는 것
* **tocaba a su fin :** 종말을 고했다
* **la Guerra Carlista :** 왕위 계승 전쟁. 페르난도 7세가 죽자 그의 뒤를 이어 그의 딸 도냐 이사벨이 계승하고 그의 어머니 마리아 끄리스띠나가 섭정을 하자, 이에 불만을 품은 페르난도 7세의 동생 돈 까를로스가 반란을 일으키니, 이 반란에 보수 세력 전체가 가담을 하게 되고 점차 내란으로 발전하여 제1차 내란은 1833년에서 1840년까지, 그리고 제2차 내란은 1872년에서 1876년까지 계속되었다.

㊲ 페르난도 7세

독립 전쟁이 끝났을 때, 까를로스 4세의 아들이었던 페르난도 7세가 스페인을 통치하기 시작한다. 페르난도 7세의 치세는 평화와 안정의 시대가 아니라 스페인인들 사이에 스며든 혁명 사상과 프리메이슨 단원들에 의해 조장된 끊임없는 혼란과 정치적 투쟁의 시대였다.

이와 같은 혁명 사상은 스페인의 권위를 실추시키고 중상하려 하는 영국과 프랑스의 책자나 신문 등을 통해서 아메리카 대륙으로도 침투하였다. 프리메이슨 단원들의 활동과 이러한 글들로 인해 아메리카의 스페인 식민지들이 모국으로부터 독립하기 시작했다. 두 용감한 장군 볼리바르와 산 마르띤은 스페인으로부터 분리되기를 원한 사람들의 선두에 선 최초의 사람들이었다. 몇 년 후에 쿠바와 푸에르토리코를 제외한 모든 아메리카 국가들이 독립되었다.

아메리카의 반란자를 진압하기 위해 안달루시아에 강력한 군대가 주둔하고 있었다. 배에 오르기 직전 리에고라 하는 프리메이슨 단원이자 혁명가인 대령이 반란을 일으키는 데 성공했다. 왕은 혁명가들의 요구를 받아들이지 않을 수 없

페르난도 7세

시몬 볼리바르

었으며 군대는 아메리카에 가지 않았다. 다른 반란에서 리에고는 포로가 되었고 사형에 처해졌다. 죽기 전에, 그는 글로써 엄숙한 참회를 하였다. 그는 모든 죄에 대한 용서를 하느님께 구하고 그가 행했던 모든 악행에 대한 용서를 스페인에 구하였다.

페르난도 7세의 치세는 끝났다. 왕은 그랑하에서 다 죽어 가고 있었고, 그에게는 오직 딸밖에 없었으므로 도냐 이사벨이 통치할 수 있도록, 여자는 스페인의 왕좌를 계승할 수 없다는 살리카 법을 폐지하였다. 이 사건이 까를로스 전쟁의 원인이었다. 페르난도 7세의 동생이었던 돈 까를로스가 스페인은 도냐 이사벨이 아닌 자신이 다스려야 한다고 말했기 때문에 그의 이름을 따서 그렇게 부르게 되었다.

38 MARÍA CRISTINA E ISABEL II

A Fernando VII le sucedió en el trono su hija Isabel II. Pero como sólo tenía tres años, gobernó su madre, María Cristina, hasta que Doña Isabel llegó a la edad de poder reinar.

Durante la regencia de Doña María Cristina hubo dos hechos que llenaron de tristeza a muchas familias españolas. Uno, el asesinato de muchos religiosos y sacerdotes de Madrid, y otro, la guerra carlista.

Con ocasión de una terrible epidemia que hubo en Madrid, los masones lanzaron la calumina de que los religiosos habían envenenado las fuentes. Algunos infelices lo creyeron. Y pronto la gentuza alborotadora se dedicó a incendiar conventos y a matar a sus moradores. Los ministros encargados del gobierno no quisieron enterarse de lo que pasaba, y cuando trataron de poner orden ya era tarde.

Las guerras carlistas ya sabes que comenzaron porque Don Carlos y sus partidarios decían que el rey de España tenía que ser él y no Doña Isabel. Los carlistas, guiados por jefes aguerridos y valientes, como Zumalacárregui y Cabrera, lucharon durante siete años contra los isabelinos. Esta guerra tan triste, de españoles contra españoles terminó con el Convenio de Vergara, firmado entre Espartero, general de los ejércitos de Doña Isabel, y Maroto, general de los ejércitos de Don Carlos.

El año 1843 fue proclamada mayor de edad Doña Isabel e inmediatamente se hizo cargo del gobierno de la nación. Durante su reinado se establecieron los primeros ferrocarriles en España, adoptó el Sistema Métrica Decimal para las pesas y medidas, y se creó la Guardia Civil.

Nuestros territorios de África se vieron amenazados por los moros hubo que luchar contra ellos. El general Prim se inmortalizó en la victoria de Castillejos.

Este mismo general Prim obligó a la reina a dejar el trono y marcharse a Francia.

RESPONDE :

¿Quién sucedió a Fernando VII? — ¿Por qué incendiaron los conventos? — ¿Quiénes fueron los principales jefes carlistas? — ¿Por qué convenio terminó la guerra? — ¿Qué generales lo firmaron? — ¿Qué mejoras se hicieron durante el reinado de Isabel II? — ¿Qué victoria logró el general Prim en África?

 Note

* **poner orden :** 질서를 확립하다
* **tener que +** *inf* **:** ~해야만 한다
* **hacerse cargo de ~ :** ~을 떠맡다
* **con ocasión de ~ :** ~을 계기로, 기회로
* **hubo que luchar contra ellos :** 그들과 싸워야만 했었다(haber que + inf.)
* **enterarse de ~ :** ~에 대하여 알다

38 마리아 끄리스띠나와 이사벨 2세

페르난도 7세의 뒤를 이어 그의 딸 이사벨 2세가 왕위에 올랐다. 그러나 당시 그녀는 3살이었으므로 그녀의 어머니 마리아 끄리스띠나가 도냐 이사벨이 정치를 할 수 있을 나이가 될 때까지 통치를 하였다.

마리아 끄리스띠나의 섭정 기간 동안에 많은 스페인 사람들에게 슬픔을 안겨준 두 가지 사건이 있었다. 하나가 마드리드의 많은 수도사들과 사제들의 살해 사건이고, 또 다른 하나가 까를로스 전쟁이었다.

마드리드에서 발생한 무서운 전염병 때문에 프리메이슨 단원들은 성직자들이 우물에 독을 탔다고 모략하였으며 몇몇 불행한 사람들이 그것을 믿었다. 이윽고 소란스러운 패거리가 수도원들을 불지르고 그 곳 사람들을 죽이고 다녔다. 통치의 책임을 맡은 장관들은 일어난 사건에 대해서 알려고 하지 않았으며 질서를 잡으려 할 때는 이미 늦었다.

까를로스 전쟁은 이미 알듯이 돈 까를로스와 그의 추종자들이 스페인 왕은 이사벨이 아니고 까를로스여야 한다고 했기 때문에 시작된 것이다. 수마라까레기와 까브레라 같은 전쟁을 좋아하는 용감한 장군들의 지휘를 받은 까를로스 당원들은 이사벨 파에 대항하여 7년 동안 싸웠다. 이 전쟁은 동족 상잔의 슬픈 전쟁으로서 이사벨 측 군장성 에스빠르떼로와 돈 까를로스 측 군장성 마로또 사이에 조약된 베르가라 협정으로 종식되었다.

1843년에 이사벨이 성년임이 공포되고 즉시 나라의 정권을 맡았다. 그녀의 통치 기간 동안 스페인에서 첫 번째 철도가 건설되었으며, 도량형으로 십진 미터법을 채택하였고 민병대를 설치했다.

아프리카 영토는 모로인들에게 위협받고 있었으며 그들에 대항하여 투쟁해야 했다. 쁘림 장군은 까스띠예호스의 승리에서 불후의 명장이 되었다.

바로 이 쁘림 장군은 여왕이 권좌를 포기하고 프랑스로 떠나게 하였다.

39 GUERRA DE ÁFRICA EN 1859

En la noche del 10 de agosto de 1859 unos moros marroquíes quebrantaron las leyes internacionales, penetraron en el territorio español de Ceuta, destruyeron unas fortificaciones que levantaban allí nuestros obreros, derribaron los pilares que marcaban la línea divisoria del territorio español y marroquí, y pisotearon el escudo de España. Esto produjo profunda indignación en nuestra patria. Exigióse la debida reparación, pero después de algunas negociaciones con Marruecos, que no dieron resultado, el gobierno español, le declaró la guerra el 22 de octubre de 1859.

《El Dios de los ejércitos — dijo el jefe de ministros español, que se llamaba O'Donnell — bendecirá nuestras armas, y el valor de nuestros soldados y nuestra armada hará ver a los marroquíes que no se insulta impunemente a la nación española.》 La nación entera ofreció sus hombres y su dinero. Tres cuerpos de ejército y una reserva, bajo el mando de O'Donnell, Prim y otros generales, se presentaron en Ceuta y tomaron las alturas próximas.

Después de algunos días de lucha, Prim venció en la batalla de Castillejos. Viendo el general a sus soldados vacilantes en presencia del enemigo, y a punto de ser arrollados, tomó en su mano la bandera, se dirigió hacia el campo enemigo y, vuelto hacia los batallones que le seguían gritó: 《Soldados, podéis abandonar todas las cosas que tenéis porque son vuestras; pero no podéis abandonar esta bandera, que es de la patria. Yo voy a meterme con ella en las filas enemigas⋯ ¿Permitiréis que el estandarte de España caiga en manos de los moros? ¿Dejaréis morir solo a vuestro general? ¡Soldados! ¡Viva la Reina!

Y diciendo y haciendo, lanzóse en medio del tiroteo, seguido de todos los soldados. El empuje formidable de nuestras tropas puso en derrota al enemigo. Poco después nuestro ejército conquistó a Tetuán, ganó la reñida batalla de Wad Ras, y el rey de Marruecos pidió la paz. Por ella nos cedía algún territorio y 100 millones de pesetas como rescate por la plaza de Tetuán.

까스띠예호스 전투

 Note

* **declarar la guerra :** 선전 포고하다
* **bajo el mando de ~ :** ~의 지휘 하에(=al mando de ~)
* **en presencia de ~ :** ~의 면전에서, 앞에서
* **a punto de ~ :** ~할 때에
* **seguido de ~ :** ~를 뒤에 거느리고
* **poner en derrota :** 쳐부수다(=derrotar)

39 1859년 아프리카 전쟁

1859년 8월 10일 밤, 몇 명의 모로코인들이 국제법을 무시한 채 스페인 영토인 세우따를 침범하여 그 곳에 우리 노동자들이 세운 요새를 쳐부수고, 스페인과 모로코의 영토를 나타내는 경계선인 기둥들을 부수고 스페인의 문장(紋章)을 짓밟아 버렸다. 이러한 일은 스페인 사람들에게 깊은 분노를 야기시켰다. 당연한 배상이 요구되었으나 모로코와의 몇 번의 협상이 있은 뒤에도 결과가 없자 스페인 정부는 1859년 10월 22일에 선전 포고를 하였다.

"신께서 군대에 축복을 내리리라 — 라고 오도넬이라 불리었던 스페인 내각 수반이 말하였다. — 그리고 우리 병사들과 함대의 용기는 스페인을 욕되게 할 수 없다는 것을 모로코인들에게 알게 하리라." 나라 전체가 인력과 자금을 제공하였다. 오도넬, 쁘림, 그리고 다른 장군들의 지휘 하에 3개의 부대와 1개의 예비 부대가 세우따에 출전하여 근처의 고지대를 점령하였다.

며칠 간의 전쟁 후에 쁘림은 까스띠예호스의 전투에서 승리하였다. 그의 병사들이 적군 앞에서 흔들리며 패배당할 지경이 되자, 장군은 손에 국기를 들고 적 진영으로 향하며 그를 따르는 기병 중대를 돌아보고 소리쳤다. "병사들이여, 그대들은 그대들이 가진 모든 것을 포기할 수 있을 것이다. 왜냐 하면 그것은 그대들 것이기 때문이다. 하지만 이 '깃발' 만은 저버릴 수 없다. 왜냐 하면 이것은 국가의 것이기 때문이다. 나는 이것을 들고 적 진영으로 뛰어들 것이다. … 스페인 국기가 모로인들 손에 넘어가도록 내버려 두겠는가? 그대들의 장군을 홀로 죽도록 내버려 두겠는가? 병사들이여! 여왕 폐하 만세!"

모든 병사들이 뒤를 따르도록 이렇게 외치며 총알 속으로 뛰어들었다. 스페인 부대의 놀라울 만한 공격은 적들을 섬멸하였다. 얼마 후에 스페인 군대는 떼뚜안을 정복하였고, 바드 라스의 격렬한 전투에서 승리를 거두었다. 그리하여 모로코 왕은 평화를 청하기에 이르렀다. 평화 협상에서 스페인에 몇몇 영토를 양도하고 떼뚜안 요새 복구의 대가로 1억 페세타를 변상하게 되었다.

40 INDEPENDENCIA DE CUBA Y FILIPINAS

Al marchar la reina Isabel II a Francia, cuando fue destronada por Prim, España quedó durante varios años sin una persona capaz de gobernarla. Por fin, el año 1857, el general Martínez Campos proclamó, al frente de sus tropas, rey de España a Don Alfonso XII, que era hijo de Isabel II.

Cuando murió Alfonso XII quedó de regente su esposa Doña María Cristina hasta que su hijo Alfonso XIII fue proclamado mayor de edad. Durante la regencia de Doña María Cristina perdimos las últimas posesiones de nuestro gran imperio en América y Oceanía. Fueron inútiles todos los esfuerzos que hizo la reina para evitar esta pérdida.

Las islas de Cuba y Filipinas, excitadas por la masonería y ayudadas por algunas naciones que entonces eran enemigas de España, se sublevaron. A pesar de heroicos esfuerzos, nuestra escuadra fue vencida en Santiago de Cuba y en Cavite(en las Filipinas). La culpa de este desastre no lo tuvo la reina Doña María Cristina, sino los malos gobiernos y la masonería, que atizó en aquellas islas el fuego de la revolución.

Dos hechos de extraordinario heroísmo ocurrieron en la guerra de Cuba y Filipinas. Uno fue el inútil sacrificio de nuestros barcos. Mal armados y sin combustible suficiente, consiguieron refugiarse en la bahía de Santiago de Cuba; allí fueron bloqueados por la escuadra yanqui. En estas condiciones recibió el experto almirante Cervera la insensata orden de salir. El almirante obedeció, aunque estaba seguro que ello causaría la destrucción de nuestros barcos, como así sucedió.

El otro hecho fue la resistencia de un grupo de españoles en Baler(Filipinas), donde lucharon hasta el límite de sus fuerzas durante más de cinco meses. Son 《los últimos de Filipinas》 (1898).

RESPONDE :

¿Quién faltó en España cuando Isabel Ⅱ marchó a Francia? — ¿Qué general proclamó rey de España a Alfonso XII? — ¿De quién era hijo AlfonsoXII? — ¿Quién gobernó a la muerte de este rey? — ¿Por qué no pudo evitar esta reina la pérdida de Cuba y Filipinas? — Cuenta dos hechos de esta guerra.

 Note

* **capaz de ~** : ～할 수 있는
* **sublevarse** : 반란하다, 궐기하다
* **nuestra escuadra fue vencida en Santiago de Cuba** : 우리의 함대가 쿠바의 산띠아고 섬에서 패배하였나.
* **estar seguro que ~** : ～한 것이 확실하다
* **masonería** : 비밀 결사 조직. 보통 프리메이슨 조직을 지칭

40 쿠바와 필리핀의 독립

쁘림에 의해 왕권을 박탈당한 이사벨 2세가 프랑스로 떠나고 난 후 스페인은 나라를 다스릴 능력이 있는 사람이 하나도 없는 상태로 몇 년 동안 있었다. 결국 1857년에 마르띠네스 깜뽀스 장군은 그의 군대 앞에서 이사벨 2세의 아들이었던 알폰소 12세를 스페인 국왕으로 선포하였다.

알폰소 12세가 죽었을 때 그의 아내 도냐 마리아 끄리스띠나는 그의 아들 알폰소 13세가 성년이 될 때까지 섭정이 되었다. 도냐 마리아 끄리스띠나의 섭정 기간 동안 아메리카와 오세아니아에 있는 우리 위대한 제국의 마지막 소유권을 상실했다. 이 손실을 막기 위해서 여왕이 했던 모든 노력들은 아무런 소용이 없었다.

프리메이슨에 의해 자극받고 그 당시 스페인의 적이었던 몇몇 국가의 도움으로 쿠바와 필리핀 섬들은 반란을 일으켰다. 영웅적인 노력에도 불구하고 스페인 함대는 쿠바의 산띠아고와 필리핀의 까비떼에서 패배했다. 이러한 참패의 과오는 도냐 마리아 끄리스띠나가 저지른 것이 아니라 이러한 섬들에서 반란의 불을 질렀던 프리메이슨 단원들과 악한 관리들의 과오인 것이다.

두 건의 눈부신 영웅적 사건들이 쿠바와 필리핀 전쟁에서 발생한다. 하나는 스페인 선박들의 쓸모 없는 희생이었다. 빈약한 무장에 충분한 연료도 없이 쿠바의 산띠아고 만으로 피신하였고, 거기서 양키의 함대에게 격파되었다. 이러한 상황에서 노련한 세르베라 제독은 싸우러 나가라는 몰상식한 명령을 받았다. 제독은 비록 스페인의 함선이 파괴되는 것이 자명하였지만 그 명령을 받아들였고 결국 결과는 예상대로 되었다.

다른 사건은 5개월 이상 사력을 다해 발레르(필리핀)에서 싸웠던 스페인 사람들의 저항이었다. 그들이 '최후까지 필리핀에 남은 사람들'인 것이다(1898).

쿠바의 수도 하바나 흑인의 군복

41 HOMBRES ILUSTRES DEL SIGLO XIX

A pesar de tantas guerras y revoluciones como hubo durante el siglo XIX, brillaron en España hombres eminentes que se dedicaron con mucho tesón a los estudios filosóficos y científicos. Sobresalen entre todos Jaime Balmes y Menéndez Pelayo.

JAIME BALMES: Fue un sacerdote muy piadoso y al mismo tiempo escritor político y eminente filósofo, sin dejar por eso de ser muy sencillo y humilde; nunca quiso aceptar los honores y recompensas que sus obras merecían.

Nació en Vich en 1810. Estudió la carrera de sacerdote en el seminario de su ciudad natal y fue luego profesor en el mismo seminario. Siempre fue un hombre muy trabajador. Escribió numerosos artículos, que publicó en los periódicos. Sus obras más importantes son las tituladas El Criterio, Filosofía fundamental y El Protestantismo Comparado con el Catolicismo.

En todas las obras de Balmes se nota que era muy inteligente y muy claro en la expresión de sus pensamientos. A los treinta y ocho años, y cuando su eminente talento prometía obras muy importantes para la gloria de la Iglesia y de España, murió este gran filósofo y virtuoso sacerdote.

MENÉNDEZ PELAYO: El más sabio de los escritores del siglo XIX y uno de los mayores sabios de todos los tiempos fue Don Marcelino Menéndez y Pelayo.

Nació en Santander en el año 1856. De niño llamaba la atención a todos por su aplicación y por su formalidad. Era tanta su afición a la lectura, que su madre tuvo que tomar precauciones para que no se pasase las noches leyendo. Tenía una memoria asombrosa. Antes de cumplir veinte años se sabía de memoria todo el Quijote, gran parte de la Biblia, el Poema del Cid y otros muchos libros. A los veintidós años era catedrático de la Universidad de Madrid. A todas sus cualidades añadió un amor entrañable a España. Escribió numerosos libros. Los más importantes son Los Heterodoxos y la Historia de las ideas estéticas.

RESPONDE :

¿Dónde nació Jaime Balmes? — ¿En qué seminario fue profesor? —Nombra alguna de sus obras más famosas. — ¿Dónde murió Menéndez Pelayo? — ¿Qué manifestó desde niño? — ¿Qué cargo desempeñó a los veintidós años? Nombra sus dos grandes obras.

 Note

* **con mucho tesón** : 고집스럽게, 집요하게
* **dejar de + *inf*** : ~하는 것을 그만두다
* **de niño** : 유년 시절부터
* **Seminario** : *m.* 신학교
* **llamar la atención** : 관심을 끌다, 주의를 기울이다

🔴41 19세기의 뛰어난 인물들

19세기 동안 있었던 수많은 전쟁과 혁명에도 불구하고 스페인에는 철학과 과학에 열정을 갖고 헌신했던 뛰어난 인물들이 있었다. 그 중에서 특히 하이메 발메스와 메넨데스 뻴라요가 두드러진다.

● **하이메 발메스(JAIME BALMES)**

그는 신앙심 깊은 사제이자 정치 작가이며 훌륭한 철학가였으나, 매우 소박하고 겸손하여 그의 작품들이 충분히 받을 만한 가치가 있었던 명예와 보상을 결코 원치 않았다.

그는 1810년에 빅에서 태어났다. 고향의 신학교에서 사제의 길을 공부했으며 후에 그 신학교에서 교수가 되었다. 그는 항상 근면한 사람이었다. 많은 글들을 써서 신문 지상에 발표하였다. 가장 중요한 그의 작품들은 「기준」(EL Criterio), 「기초 철학」(Filosofía fundamental), 그리고 「가톨릭과 비교한 프로테스탄티즘」(El Protestantismo Comparado con el Catolicismo) 들이다.

발메스의 모든 글을 통하여 그가 사상 표현에 있어서 매우 명확하고 현명했었다는 것을 알 수 있다. 38세가 되던 해, 우수한 재능으로 교회와 스페인의 영광을 위해 매우 중요한 작품들을 기약하던 시점에서 이 위대한 철학가이자 덕망 높은 사제는 세상을 떠나고 만다.

● **메넨데스 뻴라요(MENÉNDEZ PELAYO)**

19세기 작가들 중에서 가장 현명할 뿐 아니라 전 시대에 걸쳐 가장 현명했던 사람들 중의 한 사람이 돈 마르셀리노 메넨데스 뻴라요이다.

1856년에 산딴데르에서 태어났으며 어려서부터 꼼꼼하고 열심히 모든 것에 관심을 가졌다. 그의 독서에 대한 열정은 대단해서 그가 책을 읽으며 밤을 지새우지 않도록 하기 위해 그의 어머니가 항상 걱정을 해야만 하는 정도였다. 그는 놀라운 기억력의 소유자로 20세가 되기도 전에 돈 끼호테 전 작품, 성경의 대부분, 엘 시드, 그리고 다른 많은 책들을 암기하고 있었다. 22세에 이미 마드리드 대학의 정교수가 되었다. 그의 모든 자질과 함께 덧붙일 수 있는 것은 조국 스페인에 대한 지극한 사랑이었다. 그는 수많은 책들을 저술하였다. 가장 중요한 저서는 「이단자」(Los Heterodoxos)와 「미학 사상사」(La Historia de las ideas estéticas)이다.

하이메 발메스

메넨데스 뻴 라요

42 ALFONSO XIII

El año 1902 fue declarado Alfonso XIII mayor de edad; contaba entonces dieciséis años. Algunos años después se casó con Doña Victoria Eugenia de Battemberg, que era sobrina del rey de Inglaterra.

Doña María Cristina había educado con muchísimo cuidado a su hijo Alfonso. El rey, dócil a esta educación, siempre manifestó extraordinarias cualidades. La principal de todas, un amor inmenso a España y a los españoles. Era valiente, sacrificado, paciente y generoso.

Pero tuvo mala suerte al escoger algunas personas que le ayudaron a gobernar. Además, había malestar en España por la falta de sagacidad de nuestros políticos y por los masones y revolucionarios, que estababan empeñados en perder a España y a su rey.

Durante este reinado ocurrió la guerra de Melilla, la semana trágica de Barcelona, la guerra mundial de 1914 y la guerra de Marruecos.

En 1909 los moros mataron a algunos mineros españoles de Melilla. Para castigar ese crimen nuestras tropas trabaron sangrientos combates contra los moros. En esta guerra hubo hazañas grandiosas como la del cabo Noval.

Mientras nuestros ejércitos peleaban en África, los revolucionarios y anarquistas desencadenaron en Barcelona muchos actos de salvajismo, que durante una semana llenaron de sangre las calles de la ciudad. Gracias a la energía del gobierno de don

Antonio Maura, los desórdenes no continuaron, y la cabecilla de toda esa chusma, llamado Ferrer, fue ejecutado.

El año 1914 estalló la primera guerra mundial. España no intervino en ella y pudo dedicarse a cuidar a los heridos y prisioneros de todas las naciones.

El año 1921 los marroquíes se apoderaron traidoramente de algunos de nuestros fuertes. Numerosas fuerzas moras atacaron por sorpresa a nuestras tropas en Annual y Monte Arruit, ocasionando la muerte del general Silvestre, del teniente coronel don Fernando Primo de Rivera y de muchos soldados.

El gobierno de Madrid envió inmediatamente un buen número de soldados, que poco a poco fueron recuperando las antiguas posiciones.

Otros acontecimientos importantísimos, ocurridos en España durante el reinado de Alfonso XIII, fueron la implantación de la Dictadura Militar, el año 1923, y las lecciones municipales, celebradas en el mes de abril de 1931, que pusieron fin a la monarquía española.

알폰소 13세

국민 봉기

42 알폰소 13세

알폰소 13세는 1902년에 성년으로 선포되었으며, 그 때 나이 16세였다. 몇 년 후 빅토리아 에우헤니아 데 바템베르그라는 영국 왕의 조카딸과 결혼했다.

마리아 끄리스띠나는 아들인 알폰소를 매우 세심한 주의를 기울여 교육시켰다. 이러한 교육에 순순히 따랐던 왕은 언제나 비상한 자질을 보였다. 모든 품성 가운데 중요한 것은 스페인과 스페인 국민에 대한 무한한 사랑이었다. 그는 용감하고 희생적이었으며, 인내심이 있고 관대했다.

그러나 그의 통치를 돕기 위한 몇몇 인물을 선출했을 때 불운이 닥쳤다. 또한 스페인에는 정치가들의 기민성 결여와 프리메이슨 비밀 결사 단원과 반란자들로 인해 불안이 감돌았으며 스페인과 왕을 잃어버릴 위험한 상황에 처하게 되었다.

알폰소의 통치 기간 중에 멜리야 전쟁과 바르셀로나 비극의 주간, 1914년 세계 대전, 모로코 전쟁이 발발했다.

1909년 모로인들이 멜리야의 스페인 광부 몇 명을 살해했다. 그 범죄를 응징하기 위해 스페인 군대는 모로인들과 처절한 전투를 벌였다. 이 전쟁에서 노발 하사의 업적과 같은 위대한 업적들이 세워졌다.

스페인의 군대가 아프리카에서 싸우고 있는 동안 혁명가들과 무정부주의자들은 바르셀로나에서 무수한 잔학 행위를 저지르고 있었으며 그래서 한 주 동안 시가지를 피로 물들였다. 안또니오 마우라의 통치력 덕택에 무질서는 오래 가지 않았고 그 모든 반란자들의 우두머리였던 페레르는 처형되었다.

1914년 제1차 세계 대전이 일어났다. 스페인은 그 전쟁에 끼여들지 않아 모든 나라의 부상자와 포로들을 돌보는 데 힘쓸 수 있었다.

1921년 모로코인들이 배반하여 몇몇 스페인 요새를 장악했다. 수많은 모로의 군대가 '아누알'과 '몬떼 아루이트'에서 스페인 군대를 기습 공격했으며, 거기에서 실베스트레 장군과 페르난도 쁘리모 데 리베라 중령, 그 밖에 많은 병사들이 목숨을 잃었다.

마드리드 정부는 즉시 많은 병사들을 파견해 차츰 이전의 위치를 회복해 갔다.

알폰소 13세의 재위 기간 동안 스페인에서 다른 중요 사건들은, 1923년 군부 독재의 실시와 1931년 4월에 실시된 지방 자치제 선거로 스페인 왕정이 막을 내리게 된 것이다.

 Note

* **mayor de edad** : 성년
* **tener mala suerte** : 불행하다
* **trabar** : (싸움, 회담 등을) 시작하다
* **llenaron de sangre** : 피로 물들였다(=llenar de ∼)
* **atacar por sorpresa** : 불의에 공격하다
* **Dictadura Militar** : 「군부 독재」. 쁘리모 데 리베라 장군이 전권을 장악하여 경제적인 발전을 가져오고 모로인들과의 전쟁을 종식시킴으로써 국민들의 지지를 획득하자 1931년에는 군주제가 폐지되고 Dictadura Militar, 즉 군인들의 독재 체제가 설립된다.
* **los fuertes** : 요새
* **un buen número de soldados** : 수많은 병사들
* **poner fin a la monarquía** : 군주제를 종식시키다

43 EL CABO NOVAL

Este hecho extaordinario ocurrió durante la guerra de Melilla. En la madrugada del 28 de septiembre de 1909 se encontraba en una avanzadilla el cabo Noval con cuatro soldados de su sección. La noche estaba muy oscura y la tranquilidad era absoluta. No se oía nada.

En el fondo de un barranco próximo había 1.500 moros al acecho, dispuestos a asaltar el campamento de los españoles. Pero no conocían la entrada, y tenían que averiguarlo si no querían perecer al lleger a las alambradas.

Siete de ellos son designados para subir con todo sigilo hasta la avanzadilla del cabo Noval y matar a sus componentes. Han de reservar la vida a uno de ellos para obligarle a ser traidor a España. Llevaban atadas unas cuerdas para que, en caso de ser muertos, pudieran ser recogidos sus cadáveres.

Los siete bultos se deslizaron sigilosamente a favor de la oscuridad. Llegan a colocarse, sin ser advertidos, detrás de los cinco españoles. Tres de éstos fueron muertos instantáneamente a golpe de gumía; el cuarto quedó solamente herido, y el cabo Noval se vio sujeto por robustos brazos.

Un moro que sabía algo de castellano le dio a entender que si quería conservar la vida tenía que acompañarles hasta la entrada del campamento y gritar allí: ⟪No hagáis fuego; soy el cabo de la avanzadilla perteneciente al regimiento del Príncipe.⟫ Noval reflexiona un poco. Y mostrando una resolución enérgica, acepta sin vacilar.

Seguido por moros que le sujetan al mismo tiempo, Noval avanza hacia el lugar que da entrada al oir ruido grita: 《¿Quién vive?》 Y con voz muy fuerte contesta Noval: 《Haced fuego, que estoy rodeado de moros. ¡Viva España!》 Y al momento cayó muerto el heroico soldado español por un golpe de gumía y un balazo en la cabeza. Pero las descargas de los soldados de guardia dejaron también muertos a los siete moros. La heroica resolución del cabo Noval había salvado el campamento español.

Pensando en este héroe y en tantos otros hijos de España que, derrochando valor y heroísmo, vertieron generosamente su sangre en tierras africanas, en esta guerra de 1909, y en la no menos dolorosa de 1921, el Jefe de la Legión, hoy Generalísimo Franco, dijo al presidente del Directorio Militar: "Este que pisamos, señor presidente, es terreno de España, porque ha sido adquirido por el más alto precio y pagado con la más cara moneda: sangre española derramada."

 Note

* **al acecho** : 잠복하고
* **dispuesto a ~** : ~할 준비를 하고
* **con todo sigilo** : 아주 은밀하게(=sigilosamente)
* **en caso de ~** : ~할 경우에
* **a favor de ~** : ~의 덕분으로
* **detrás de ~** : ~의 뒤에
* **al momento** : 그 즉시, 즉각
* **el Generalísimo Franco** : 프랑꼬 총통
* **hacer fuego** : (총을) 발사하다

㊸ '노발' 하사

이 이상한 사건은 멜리야 전쟁 중에 일어났다. 1909년 9월 28일 새벽, 노발 하사는 그의 부대에 있는 4명의 병사들과 함께 전방에 있었다. 아주 어둡고 적막한 밤이었다. 아무런 소리도 들리지 않았다.

근처 벼랑 아래에는 1,500명의 모로인들이 스페인 진영을 습격할 준비를 하고 잠복해 있었다. 그러나 그들은 입구를 알지 못했고, 만약 철조망에 이르렀을 때 죽음을 당하지 않으려면 그 곳을 정찰해야만 했다.

그들 중 7명이 노발 하사의 전초까지 잠입하여 그의 부대원들을 사살하는 임무를 맡았다. 그러나 스페인을 배반하도록 하기 위해 그들 중 한 명은 살려 두어야 했다. 죽었을 경우 시체들을 묶을 수 있도록 밧줄 다발을 가져갔다.

이 일곱 명은 어둠을 틈타 미끄러지듯 잠입하여 들어갔다. 그들은 아무도 눈치채지 못하게 다섯 명의 스페인 병사 뒤로 다가갔다. 이들 중 3명은 단칼에 죽었다. 네 번째 병사는 부상을 당했고 노발 하사는 생포되었다.

스페인어를 약간 할 줄 알았던 한 모로인이 그에게 만약 목숨을 보존하고 싶거든 야영지 입구까지 따라가 그 곳에서 다음과 같이 외쳐야 한다고 말했다. "총을 쏘지 말아라. 국왕 군대에 소속된 전초지의 하사이다." 노발 하사는 조금 생각을 한 후 단호한 결심을 하고 수락하였다.

그를 붙잡았던 모로 병사들이 뒤따랐으며 노발은 야영지 입구 쪽으로 나아갔다. 입구에 매우 가까워졌다. 인기척 소리를 들은 보초가 외쳤다. "누구냐?" 노발은 매우 크게 응답했다. "총을 발사하라. 나는 모로인들에게 둘러싸여 있다. 스페인 만세!" 그 순간 용감한 스페인 군인은 머리에 탄환이 명중되고 단도에 가슴을 찔려 죽었다. 그러나 경비병들의 발사에 의해 7명의 모로인들도 죽었다. 이 영웅적인 노발 하사의 결단이 스페인 진영을 구한 것이다.

이 영웅과 1909년 아프리카 전쟁과 1921년의 참혹한 전쟁에서 그들의 피를 아낌없이 토했던 젊음과 의협심으로 가득 찬 스페인 젊은이들을 생각하면서 당시 군사령관인 프랑꼬는 군 수뇌부의 사령관에게 다음과 같이 말했다. "우리가 밟고 있는 이 곳은 스페인의 영토입니다. 왜냐 하면 스페인 국민의 '피'라는 아주 귀중하고 값비싼 대가를 지불하고 얻은 것이기 때문입니다."

44 MANIFESTACIONES DE FE CATÓLICA DURANTE EL REINADO DE ALFONSO XIII

Uno de los acontecimientos religiosos más importantes del reinado de Alfonso XIII fue el Congreso Eucarístico Internacional, celebrado en Madrid en 1911. Este congreso constituyó una grandiosa manifestación de fe y de amor a la Sagrada Eucaristía. Siempre se había distinguido el pueblo español por su devoción a la Eucaristía. Pero hacía mucho tiempo que no había tenido una ocasión tan propicia para manifestarla de una manera pública y solemne.

Otra manifestación pública y solemne de la religiosidad del pueblo español fue la Consagración de España al Sagrado Corazón de Jesús. El propio rey Don Alfonso XIII leyó la consagración ante el Monumento del Cerro de los Angeles el 30 de mayo de 1919. Asistió al acto el gobierno presidido por don Antonio Maura, y numerosísimo público. En ese mismo momento se hacía idéntica Consagración en todas las poblaciones de España.

También tuvo extraordinaria importancia la visita que hizo al Papa Su Majestad el Rey acompañado de la reina Victoria y del jefe del Directorio Militar, general don Miguel Primo de Rivera. Postrado a los pies de Su Santidad Pío XII, confirmó Don Alfonso XIII su gran catolicismo y el de la nación española. 《Padre Santo — dijo el rey —: no se ha entibiado la fe de mi pueblo, no se ha disminuido ni un ápice la que desde mi niñez arde en mi corazón ··· si un día la fe exigiera de los católicos españoles los mayores sacrificios, no los regatearían. España y su rey, fidelísimos a vuestros mandatos, jamás desertarán del puesto que sus gloriosas tradiciones les señalan.》

Estas últimas palabras parecen una profecía pues pocos años después, cuando la Cruzada Nacional, millares y millares de españoles murieron heroicamente en defensa de la religión y de la patria.

A este discurso de Alfonso XIII, que emocionó profundamente a cuantos le oyeron, contestó el Vicaril de Cristo con palabras llenas de ternura y cariño hacia la noble nación española. 《Porque España, dijo, siempre se ha distinguido por su profunda fe católica, por su ardentísima devoción a esta Santa Sede Apostólica, y por haber sido madre fecunda de santos, de misioneros y de fundadores de ínclitas Ordenes religiosas.》

RESPONDE :

¿En qué año se celebró en Madrid el Congreso Eucarístico Internacional? — ¿Qué se celebró en el Cerro de los Angeles el 30 de mayo de 1919? — ¿Cuál fue la visita más importante que hizo Alfonso XIII? — ¿Qué palabras proféticas pronunció?

Note

알폰소 13세 치세 동안의 가톨릭 신앙의 표명

알폰소 13세 통치 하에 가장 중요한 종교적 사건 중 하나가 1911년 마드리드에서 열린 국제 성체 대회였다. 이 회의는 거룩한 성체에 대한 사랑과 신앙의 장대한 표명이었다. 언제나 스페인 국민은 성체에 대한 숭배에 각별했다. 그러나 공식적이고 엄숙하게 치르기 위한 적절한 기회를 갖지 못한 채 오랜 세월을 보냈었다.

스페인 국민의 신앙심에 대한 공식적이고 엄숙한 또 다른 표명은 '예수 성체에 대한 스페인의 봉헌식' 이었다. 알폰소 13세 자신도 1919년 5월 30일 '천사들의 언덕으로 된 기념비' 앞에서 봉헌사를 읽었다. 많은 대중들 앞에서 돈 안또니오 마우라의 정부가 행사에 참가한 것이다. 그와 동시에 스페인 모든 마을에 동일한 의식이 행해졌다.

또한 빅또리아 여왕과 군사령관인 미겔 쁘리모 데 리베라 장군을 대동한 국왕이 교황 성하를 방문한 것은 특별한 의미를 가졌다. 교황 성하 비오 12세의 발앞에 무릎을 꿇은 채 돈 알폰소 13세는 자신의 굳건한 종교심과 스페인의 종교심을 확인하였다. 왕은 말했다. "교황이시여, 나의 국민들의 신앙의 열정을 식힐 수 없고 나의 어린 시절부터 타오르는 신앙심 또한 식을 줄을 모르니, 만약 어느 날 스페인 가톨릭 교도들에게 희생을 요구한다면 그들은 그것을 피하지 않을 것입니다. 그대들의 가르침에 가장 충실한 스페인과 국왕은 그대들에게 보여준 그들의 빛나는 전통을 저버리는 행위를 결코 하지 않을 것입니다."

이 마지막 말은 마치 예언과 같아, 몇 년 후 국민 십자군 전쟁에서 수많은 스페인 사람들이 종교와 조국을 위해 용감하게 죽어 갔다.

알폰소 13세의 연설은 청중을 깊이 감동시켰으며, 이 연설에 대하여 교황은 사랑과 애정이 충만된 말로 스페인 국민들에게 대답하였다. "스페인은 언세나 가톨릭교에 대한 깊은 신앙과 로마 교황청에 대한 깊은 신앙, 또 많은 성자와 선교자들, 그리고 훌륭한 교단들의 창설자들을 배출한 훌륭한 나라입니다."

45 LA DICTADURA

A pesar de las cualidades excelentes del rey Alfonso XIII y de su profundo amor a España, no pudo evitar que los diversos partidos políticos fueran causantes de agitación y desorden social en las grandes capitales. Las huelgas, los alborotos, los atentados y los asesinatos eran muy frecuentes.

Para acabar con tal estado de cosas, don Miguel Primo de Rivera dio el golpe de Estado del 13 de septiembre de 1923. El gobierno fue reemplazado por un Directorio Militar.

El pueblo español, que estaba ansioso de paz y de tranquilidad, acogió con entusiasmo al dictador. Primo de Rivera acabó con el pistolerismo, dio gran impulso a la agricultura, industria y comercio, llevó a cabo grandes mejoras en obras públicas y aumentó el prestigio de España ante las demás naciones.

Pero tal vez la principal gloria de Primo de Rivera fue el haber terminado la guerra de Marruecos. Para ello dispuso el desembarco en Alhucemas, que muchos militares creían imposible. La acción tuvo pleno éxito, y fue el golpe de muerte para los rebeldes marroquíes.

Contribuyeron a aumentar el prestigio de España y a estrechar nuestras relaciones con las Repúblicas - hispanoamericanas las gloriosas expediciones aéreas del Plus Ultra y del Jesús del Gran Poder.

La magnífica obra realizada por la Dictadura en los siete años que estuvo gobernando en España fue desmororándose rápidamente por culpa de los gobiernos que vinieron después.

Estos gobiernos abrieron el camino a los elementos antiespañoles, que comenzaron su obra destructora prepararon la llegada del gobierno republicano, que no supo ni pudo dirigir bien los destinos de nuestra patria.

RESPONDE :

¿Cuál fue la causa del desorden social que había en España antes de don Miguel Primo de Rivera? — ¿Cómo puso éste término a la agitación? — ¿Cuál fue la gran obra de la dictadura? — ¿Qué expediciones aeronáuticas se realizaron durante la dictadura?

Primo de Rivera 거리의 성당과 방파제

 Note

* **el golpe de estado :** 쿠데타
* **tuvo pleno éxito en ~ :** 완전한 성공이었나
* **Primo de Rivera :** 리베라 장군. 1923년 군부 쿠데타로 돈 미겔 쁘리모 데 리베라는 무정부주의에 대항하여 1930년까지 통치하였다.

45 독재 체제

알폰소 13세의 뛰어난 자질과 스페인에 대한 그의 깊은 사랑에도 불구하고, 대도시에서 여러 정당들이 야기시킨 사회적 혼란과 무질서를 피할 수 없었다. 파업, 폭동, 폭력 사태, 그리고 암살 등이 빈번하였다.

그러한 혼란한 상황을 종식시키기 위해 돈 미겔 쁘리모 데 리베라는 1923년 9월 13일 쿠데타를 일으켰다. 정부는 군사 수뇌부로 교체되었다.

평화와 안정을 기대하고 있었던 스페인 국민은 열광적으로 독재자를 맞아들였다. 폭력 행위를 종식시킨 쁘리모 데 리베라는 농업, 공업, 상업 분야에서 엄청난 자극을 주었고, 공공 사업에 큰 발전을 가져왔으며, 타국에 대한 스페인의 권위를 증대시켰다.

그렇지만 아마도 쁘리모 데 리베라의 주요한 업적은 모로코 전쟁을 종식시켰다는 것이다. 그것을 위해서 그는 많은 군인들이 불가능하다고 믿고 있었던 알루세마르에 상륙할 준비를 하였다. 예상과 달리 그 작전은 완전한 성공을 거두었으며 모로코의 반란자들에게는 죽음의 일격을 안겨 주었다.

'쁠루스 울뜨라' 호와 '전능한 예수' 호의 명예스러운 비행 원정들은 스페인의 국위를 선양하고, 스페인과 중남미 공화국들과의 관계를 증진시키는 데 기여하였다.

스페인에서 통치를 하였던 7년 동안에 독재에 의해 이루어진 위대한 업적은 다음에 등장한 정부의 실책으로 즉각 붕괴되었다. 이 정부는 파괴를 일삼는 반스페인적인 구성 분자들에게 그 길을 열어 주었고, 스페인의 운명을 잘 이끌 수도 없었고 이끌 줄도 몰랐던 공화 정부의 도래를 준비하였던 것이었다.

46 EL PLUS ULTRA

El 22 de enero de 1926 despegaba del puerto de Palos de Moguer el hidroavión Plus Ultra, pilotado por el comandante Ramón Franco, hermano del que después sería Caudillo de España. Le acompañaba el capitán Ruiz de Alda y el teniente Rada. Iban a cruzar el Océano que en otro tiempo surcaron las naves de Colón, es decir, el océano Atlántico. Todo el mundo estuvo pendiente del avión español que iba a realizar una gran hazaña.

Hoy a nadie le llama la atención el hecho de que un avión cruce el Océano; pues existen aviones de gran potencia y velocidad que en pocas horas realizan el viaje. Pero hace treinta y cinco años no era tan fácil. Suponía una gran aventura lanzarse con un avión de poca potencia y escasa velocidad(unos 170 kms. por hora) a la travesía del Atlántico.

Los tres tripulantes del Plus Ultra se dirigieron al puerto rodeados de un inmenso gentío; poco antes habían oído misa ante el altar de la Virgen Milagrosa, la misma a quien Colón rezó antes de partir; a las siete cincuenta y cinco despegó el hidro.

Luchando con numerosas dificultades los intrépidos aviadores realizaron el viaje triunfal en siete etapas. En Las Palmas fueron muy felicitados y agasajados. Durante la etapa Ñoroña Pernambuco se les rompió una de las hélices, pero continuaron el viaje con un solo motor, aunque tuvieron que arrojar al mar todas las herramientas, víveres, equipajes y parte de la gasolina. Al fin llegaron felizmente a Pernambuco, donde se les tributó un caluroso recibimiento. También en Río de Janeiro y en Montevideo la recepción fue grandiosa en medio de estruendosas aclamaciones. Y en Buenos Aires el entusiasmo de la multitud llegó hasta el delirio. Algo sencillamente indescriptible.

Allí, en Buenos Aires, terminó el triunfal viaje del Plus Ultra, que tanto contribuyó a estrechar los lazos de unión entre las naciones hispanoamericanas y la Madre Patria.

En aquella época en que la aviación estaba naciendo, nuestros aviadores no se durmieron sobre los laureles de su triunfo, sino que siguieron realizando proezas.

Y así, tres años más tarde, en 1929, los pilotos Ignacio Jiménez y Francisco Iglesias, a bordo del avión "Jesús del Gran Poder", saltaron desde Sevilla hasta la ciudad de Bahía, en el Brasil. Habían recorrido 6.550 kilómetros en un solo vuelo.

 Note

* **todo el mundo** : 모든 사람들
* **Se me rompió la máquina** : 내 기계가 망가졌다.(3인칭적 표현)
* **la madre patria** : 조국, 모국
* **sino que siguieron realizando proezas** : 계속해서 위업을 이룩하였다(**seguir**+ **gerundio** : 계속해서 ~하다)
* **El Plus Ultra** : 대서양을 횡단한 최초의 비행기로 **más allá, al otro lado**(저 건너편)이라는 뜻이다.

46 엘 쁠루스 울뜨라

1926년 1월 22일 나중에 스페인 총통이 되었던 프랑꼬 총사령관의 형제인, 라몬 프랑꼬가 조종하는 쁠루스 울뜨라 수상 비행기가 빨로스 데 모게르 항을 이륙하였다. 루이스 데 알다 대위와 라다 중위가 그와 함께 비행하였다. 한 때 꼴론의 배가 헤쳐 나갔던 대양, 말하자면 대서양을 횡단하려 하고 있었다. 모든 사람들은 위대한 공적을 실현시킬 스페인 비행기에 주목하고 있었다.

오늘날에는 비행기가 대양을 횡단한다는 사실에 아무도 관심을 기울이지 않는다. 왜냐 하면 단 몇 시간 내에 비행할 수 있는 성능이 아주 좋고 빠른 비행기들이 있기 때문이다. 그렇지만 35년 전에는 그리 쉽지가 않았다. 시속 170km의 속력밖에 되지 않는 성능 낮은 비행기로 대서양을 횡단한다는 것은 커다란 모험이었다.

쁠루스 울뜨라의 3명의 승무원들은 수많은 군중에 둘러싸여 항구로 향하였다. 먼저, 꼴론이 출정을 떠나기 전 기도를 드렸던 바로 그 성모 마리아 제단 앞에서 미사를 드린 후, 7시 55분에 수상 비행기는 이륙하였다.

수많은 어려움을 극복하면서, 용감한 비행사들은 일곱 단계에 걸친 비행을 성공적으로 해냈다. 라스 빨마스에서 성대한 축하와 환대를 받았다. 뇨로냐에서 뻬르남부꼬 사이의 비행에서 프로펠러 하나가 부서져 단 하나의 모터만으로 비행을 계속했는데, 모든 도구와 식량 그리고 연료통을 바다에 버려야만 했다. 그러나 무사히 뻬르남부꼬에 도착하였고, 그 곳에서 열렬한 환대를 받았다. 또한 리우데자네이루와 몬테비데오에서도 폭발적인 환호와 함께 환영이 대단했다. 그리고 부에노스아이레스에선 열광적인 군중들이 이성을 잃을 정도였다. 이루 형용할 수 없을 정도로 열광적이었다.

그 곳 부에노스아이레스에서 중남미와 스페인의 유대를 돈독히 하는 데 크게 기여한 쁠루스 울뜨라의 비행은 끝을 맺었다.

비행술이 탄생했던 그 당시에 스페인의 비행사들은 승리의 월계관 위에서 잠들지 않고 위대한 장거를 계속 실현하고 있었다.

그렇게 하여 3년이 지난 1929년에 헤수스 델 그란 뽀데르 기에 탑승한 파일럿 이그나시오 히메네스와 프란시스꼬 이글레시아스는 세비야에서 브라질의 바이아까지 비행을 실현시켰다. 그들은 단 한 번 비행에 6,550km를 비행하였던 것이다.

Las Palmas 전경

47 LA REPÚBLICA

Al retirarse don Miguel Primo de Rivera y desaparecer la dictadura, volvieron a aparecer en España los alborotos revolucionarios, los motines de estudiantes y las huelgas de obreros. No había orden ni concierto. Hubo muchas personas que pensaron que el remedio a tantos males estaba en quitar la Monarquía y poner la República.

El 12 de abril de 1931 se celebraron elecciones para ver si ganaban los monárquicos o los republicanos. En las grandes ciudades el triunfo fue de los republicanos.

El rey Don Alfonso XIII juzgó que aquello significaba que España quería la República; además, casi todos sus ministros le aconsejaron que dejase el trono. Y él, para evitar luchas y revueltas sangrientas, se sacrificó y salió de España, convencido de que así servía mejor a su querida Patria. Horas después de su salida, se proclamaba la República(14 de abril de 1931).

Da pena pensar en los primeros días de la República; a las alegrías y vítores de los primeros momentos, sucedieron actos de verdadero salvajismo. El 11 de mayo las turbas desmandadas se lanzaron a la quema de conventos, colegios y edificios religiosos.

Y lo peor fue que la primera preocupación de los dirigentes republicanos fue publicar unas leyes antiespañolas y antirreligiosas. Estas leyes provocaron una feroz persecución contra lo más sagrado de la Patria: la Religión, el Ejército y la Unidad de España.

En 1934 estalló en Asturias la revolución. Durante varias semanas los incendios y los asesinatos sembraron el terror en aquella provincia española, que fue la cuna de la España cristiana, cuando Don Pelayo comenzó la lucha contra los moros.

Hubo muchos hombres valientes que quisieron poner remedio a todos estos males. Entre ellos sobresalió Calvo Sotelo. Este gran patriota echaba en cara al gobierno su falta de autoridad, los grandes desórdenes y los atentados que cada día se cometían. El gobierno no quiso oir más las justas quejas de aquel intrépido luchador político, y ordenó que se le asesinara. Ante este crimen, los buenos españoles, que eran muchísimos, no aguantaron más y se lanzaron a las armas dispuestos a salvar a España. Era el 18 de julio de 1936.

Note

* **echar en cara** : 문책하다
* **volver a + inf** : 다시 ~을 하다
* **lo peor fue que~** : 설상가상인 것은 ~이었다는 것이다(de mal en peor : 설상가상으로)
* **estallar** : 전쟁이 발발하다
* **los motínes** : 폭동, 모반
* **Don Pelayo** : 718년 아스투리아스 지방의 요새 꼬바동가(Covadonga)에서 아랍 침입자를 물리쳐 이김으로써 스페인 국토 재정복의 시초가 되었다.

47 공화국

돈 미겔 쁘리모 데 리베라가 물러나고 독재 체제가 사라지자 스페인에서는 혁명적 소요와 학생들의 폭동과 노동자들의 파업 사태가 또 다시 발생하였다. 무질서와 혼란만이 있었다. 많은 사람들은 군주 체제를 없애고 공화제를 실시하는 것이 그러한 사태의 해결책이라 생각했다.

1931년 4월 12일 군주파와 공화파에 대한 선거가 실시되었다. 대도시에서는 공화파가 압도적으로 승리하였다.

알폰소 13세는 그 사실을 스페인이 공화국을 원한다는 것으로 판단했으며 거의 모든 장관들도 왕의 퇴진을 권고하였다. 그리하여 그렇게 하는 것이 사랑하는 조국을 위한 것이라고 생각한 그는 유혈 투쟁을 피하기 위해 기꺼이 희생의 길을 택하고 조국을 떠났다. 그가 떠난 몇 시간 후 1931년 4월 14일 공화국이 선포되었다.

공화국 초기는 난관이 많았다. 처음 잠깐 동안의 기쁨과 축하에 이어 아주 잔인한 사건들이 발생했다. 그 해 5월 11일, 명령을 따르지 않는 무리들이 수도원, 학교, 그리고 교회 등을 불태워버렸다.

사태는 더욱 심각해져 공화파의 지도자들은 마음대로 반스페인적, 반종교적 법을 발표하였다. 이 법들은 종교, 군대, 스페인의 단결에 대한 즉, 조국의 깊은 신성함에 대한 심한 박해를 유발하는 것이었다.

1934년 아스뚜리아스에서 혁명이 일어났다. 몇 주에 걸쳐 발생한 방화와 암살로 인하여 아스뚜리아는 공포에 잠겼는데, 이 곳은 돈 뻴라요가 모로인과 전투를 하기 시작했던 그리스도교 스페인의 요람지였다.

이러한 모든 불상사에 대한 조치를 취하고자 하는 많은 용감한 사람들이 있었다. 그들 중 깔보 수뗄로가 특출했는데 이 위대힌 애국자는 내일 일어나는 폭력 사태와 혼란, 무능한 정부에 정면으로 대항했다. 정부는 그 용감한 정치 투쟁가의 정당한 불만을 더 이상 들으려 하지도 않고 그를 암살하라는 명령을 내렸다.
이 사건에 대하여 스페인의 수많은 정의로운 사람들은 더 이상 참지 못하고 조
국을 구하고자 무기를 들었다. 그 때가 1936년 7월 18일이었다.

1931년 7월, 제2공화국 출범

48 EL ALZAMIENTO NACIONAL

Frente a los individuos antiespañoles y anticristianos, que formaban la asociación llamada FRENTE POPULAR y que estaban muy ayudados por los rusos y por los comunistas, se levantaron las fuerzas sanas de la nación. El Ejército, como siempre que la Patria ha estado en peligro, se propuso salvarla. Había que barrer del suelo patrio todo lo que significase desorden, comunismo y masonería.

El 17 de julio de 1936 iniciaron el Movimiento Nacional nuestros soldados de África. En España se unieron a ellos el Ejército y todos los buenos españoles. Al frente de este Movimiento Nacional estaba Francisco Franco, que sería Generalísimo de los Ejércitos de Tierra, Mar y Aire: Caudillo de España.

Los jóvenes se fueron a la guerra voluntarios; unos como falangistas, otros como requetés, todos como soldados del glorioso Ejército Nacional. Tanto los hombres como las mujeres, los jóvenes lo mismo que los ancianos, sólo pensaban en luchar para hacer a España UNA, GRANDE Y LIBRE.

Esta guerra encarnizada dividió a España en dos zonas: la zona nacional y la zona roja. Y la llamamos Cruza de Nacional, porque en ella lucharon por salvar a la Religión y a la Patria de la maldad comunista. Por eso a los soldados que morían luchando en la zona nacional se les ponía en las esquelas estas palabras: 《Caído por Dios y por España》.

A las órdenes del Generalísimo Franco nos llevaron a la victoria muchos expertos generales. Entre ellos merecen especial mención: Mola, Dávila, Moscardó, Queipo de Llano, Yagüe, Varela, Solchaga, Monasterio, Orgaz, García Valiño, etc.

RESPONDE :

¿Quiénes se levantaron contra los del Frente Popular? — ¿Quiénes iniciaron el Movimiento Nacional? — ¿Quién mandaba el Ejército salvador? — ¿En qué zonas se dividió a España? — ¿Por qué se llamó Cruzada a esta guerra? — ¿Quiénes fueron los principales generales del Ejército español?

1936년 스페인 내전의 상황

 Note

* **como siempre que la patria ~ :** 조국이 ～할 땐 언제나 그랬듯이
* **estar en peligro :** 위험에 처하다
* **al frente de ~ :** ～의 선두에
* **a las órdenes de ~ :** ～의 지휘 · 명령 하에

48 국민 봉기

'인민 전선'(Frente Popular)이라는 연합을 형성하고 러시아와 공산주의자들에 의해 도움을 받았던 반스페인적이고 반기독교적인 사람들에게 대항하여 국민군이 일어났다. 조국이 위험에 처해 있을 때마다 항상 그랬듯이 군대는 조국을 구하려 했다. 그래서 혼란과 공산주의, 공제 비밀 결사를 뜻하는 모든 것을 조국 땅으로부터 소탕해야만 했다.

1936년 7월 17일 아프리카의 스페인 군사들이 '국민 운동'을 시작했다. 스페인에서 군대와 모든 스페인 국민들이 그들과 연합했다. 이러한 국민 운동의 선두에는 육·해·공군의 총사령관이며 스페인의 총통이 될 프란시스꼬 프랑꼬가 앞장 섰다.

젊은이들은 팔랑헤 당원, 혹은 의용군, 혹은 영광스러운 국민군의 군인으로 자원하여 전쟁에 참가했다. 그들은 남녀 노소 할 것 없이 오직 스페인을 '하나이고, 위대하고, 자유로운' 국가로 만들기 위하여 싸울 것을 생각했다.

이 격렬한 전쟁은 스페인을 국민군과 적색군이라는 두 개의 진영으로 나누었다. 이 전쟁을 '국민 십자군 전쟁'이라 한다. 왜냐 하면 이 전쟁에서 공산주의의 악으로부터 조국과 종교를 구하려고 싸웠기 때문이다. 그래서 국민군 진영에서 싸우다 죽어 간 병사들의 묘비에는 "조국과 하느님을 위해 쓰러지다"라고 씌어 있다.

프랑꼬 총통의 지휘 하에 노련한 장군들이 조국에 승리를 안겨 주었다. 그 중에서 몇 사람을 말해 보면 몰라, 다빌라, 모스까르도, 께이뽀 데 야노, 야구에, 바렐라, 솔차가, 모나스떼리오, 오르가스, 가르시아 발리뇨 등이다.

49 LA VICTORIA

La Cruzada Nacional fue una guerra dura y encarnizada, aunque siempre favorable a las tropas de Franco. Al fin y al cabo los soldados de la zona roja también eran españoles valientes.

Fue necesario ir conquistando una por una todas las ciudades que estaban en poder de los rojos. En el primer año se conquistaron Huelva, Toledo, Málaga, San Sebastián y Bilbao. En este primer año tuvieron lugar hazañas gloriosas que escribieron con su sangre los heroicos defensores del Alcázar de Toledo, de Oviedo, de Teruel, y de Santa María de la Cabeza.

Durante el segundo año de guerra, que se llamó Segundo Año Triunfal, continuó el avance de nuestras tropas con la rápida conquista de Santander, seguida de Asturias. Hubo batallas muy reñidas, como las de Brunete Belchite y Teruel, en las que miles de hijos de España perdieron sus vidas.

La batalla decisiva del últime año de guerra fue la batalla del Ebro. Lo mejor del ejército rojo se concentró allí. Franco acudió con sus hombres y desde el primer momento contuve el empuje del enemigo. La batalla fue larga y durísima. Durante ella el ejército rojo se fue desgastando hasta quedar aniquilado por el ímpetu arrollador de nuetras tropas y la terrible eficacia de nuestra artillería y aviación.

El día 25 de marzo empezó la úlima ofensiva. El 28 entraban las tropas nacionales en Madrid. La capital de España recibió a los ejércitos liberadores con entusiasmo y alegría indescriptibles. El 29 conquistaron Jaén, Cuenca, Guadalajara, Ciudad Real y Albacete; el 30, Valencia y Alicante, y el 31, Almería, Murcia y

Cartagena.

El día 1 de abril se publicó el último parte de guerra, que dice así: "En el día de hoy, cautivo y desarmado el ejército rojo, han alcanzado las tropas nacionales sus últimos objetivos militares. La guerra ha terminado." 《Burgos, 1 de abril de 1939. Año de la Victoria. — Francisco Franco.》

RESPONDE :

¿Por qué fue dura y encarnizada la guerra? — ¿Qué ciudades se conquistaron en el primer año de la guerra? — ¿En qué lugares hubo actos de heroísmo? — ¿Cuáles fueron las batallas más reñidas del segundo año de la victoria? — ¿Qué día se dio el último parte de guerra?

 Note

* encarnizado(da) : 잔인한, 격한
* al fin y al cabo : 결국은, 끝내는
* Fue necesario ir conquistando una por una ~ : 하나하나 차례로 ~를 점령해 가는 것이 필요하다.
* con entusiasmo : 열렬히, 열광적으로

④⑨ 승리

'국민 십자군 전쟁'(La Cruzada Nacional)은 비록 언제나 프랑꼬 군대가 우세권을 잡기는 했었지만, 매우 처절하고 잔인한 전쟁이었다. 여하튼 적색군 지역의 군인들 역시 용감한 스페인 사람들이었기 때문이었다.

적색군 세력에 있는 모든 도시들을 차례로 정복해 나가야 했다. 첫 해에는 우엘바, 똘레도, 말라가, 산 세바스띠안, 그리고 빌바오가 탈환되었다. 바로 그 해에 똘레도의 알까사르, 오비에도, 떼루엘, 그리고 산따 마리아 데 라 까베사의 영웅적인 수호자들이 그들의 피로써 썼던 찬란한 공적들이 이루어진다.

두 번째 승리의 해(Segundo Año Triunfal)라고 불리었던 전쟁 2년째, 아스뚜리아스에 이어 곧 산딴데르의 탈환과 함께 국민군의 전진이 계속되었다. 브루네떼, 벨치떼, 그리고 떼루엘 등의 전투 같은 매우 처절한 전투에서 수천 명이나 되는 스페인의 아들들이 목숨을 잃었다.

전쟁 마지막 해의 결정적인 전투는 에브로 강 전투였다. 적색군의 정예 부대가 이 곳에 집결되었다. 프랑꼬가 그의 부하들과 함께 출정하였는데 초반부터 적의 맹공을 저지하였다. 전쟁은 매우 힘들고 길었다. 이 전쟁 기간 동안 적색군은 국민군의 용맹스러움과 포병 부대와 항공 부대의 가공할 위력 앞에 전멸할 때까지 버텼다.

3월 25일 최후의 공세가 시작되었고 28일에는 국민군이 마드리드에 입성했다. 이곳 스페인의 수도 마드리드에서는 이 해방군들을 열광적으로 그리고 이루 말할 수 없는 환호 속에서 맞았다. 29일에는 하엔,

프랑꼬

꾸엥까, 구아달라하라, 시우닫 레알, 그리고 알바세떼를 탈환했으며, 30일에는 발렌시아와 알리깐떼, 31일에는 알메리아, 무르시아와 까르따헤나를 탈환했다.

4월 1일 다음과 같이 전쟁의 종식이 발표되었다. "마침내 오늘 적색군은 포로가 되어 무장 해제됐으며, 우리 국민군은 최후의 전투 목표를 달성했습니다. 전쟁은 이제 끝났습니다."〈승전 원년인, 1939년 4월 1일, 부르고스에서 — 프란시스꼬 프랑꼬.〉

50 EL ALCÁZAR DE TOLEDO

La histórica ciudad de Toledo fue una de las que quedaron en poder de los rojos cuando comenzó la Cruzada Nacional. En Toledo está el Alcázar, que con sus paredes calcinads y rotas por la dinamita y los cañonazos, escribió la hazaña más gloriosa de nuestra historia.

El 21 de julio de 1936 se encerraron en el Alcázar, 1.100 hombres, 520 mujeres y 50 niños. Estos hombres eran, en su mayoría, jovenes cadetes de la Academia Militar y guardias civiles. Los rojos, como tigres hambrientos quisieron devorar en un instante a aquellos valientes. Bombas de aviación y cientos de proyectiles caían constantemente sobre el recio Alcázar. Pero el ánimo de los defensores no decaía ni un momento y constantemente supieron decir a los rojos que allí estaban ellos, día y noche, vigilantes para defender a sus mujeres, a sus hijos y a España.

Era el 23 de julio cuando sonó el teléfono. Un hombre con voz campanuda y fatua habla desde la ciudad y pide que se ponga al aparato el jefe del Alcázar. El Coronel Moscardó coge el auricular:

— Dígame. — ¿El coronel Moscardó?

— Sí ¿Qué desea?

— Soy el jefe de las milicias socialistas; el que tiene el mando de la ciudad de Toledo, ¿me entiende?

— Perfectamente. ¿Y qué?

— Le doy a usted diez minutos para decidirse. Si dentro de ese plazo no ha entregado usted el Alcázar sepa que fusilaré a su hujo, que está en mi poder; y, para que vea que no le quiero asustar con una mentira, le va a hablar él mismo.

— Papá. ¿Cómo estás?

— Bien, hijo mío. ¿Qué pasa?

— Me dicen que si no entregas el Alcázar van a fusilarme; no tengas pena, papá; yo moriré gustoso por Dios y por España.

— Sí, Luisito, muere como español y como cristiano dando dos vivas: uno a Cristo Rey y otro a España.

El auricular cayó sobre la horquilla y en el aire de Toledo retumbaron los dos vivas que el joven Luis pronunció cuando las balas segaron su vida.

Moscardó, como padre, sintió que le ahogaba la emoción; pero como general gritó: 《Soldados, uno a su puesto y alerta.》

Las tropas del general Varela avanzaban a marchas forzadas hacia Toledo. Había que llegar a tiempo para librar a aquellos héroes. Pasaron los días.

Los rojos atacaban como fieras. Los defensores sufrían y se defendían impertérritos. Ya han pasado setenta y dos días, es el 27 de septiembre; el general Varela ha dicho a sus hombres: 《Mañana entraremos en Toledo y libraremos a los héroes del Alcázar》.

50 똘레도의 요새

역사적 도시 똘레도는 국민 십자군 전쟁이 시작되었을 때 적색군의 주도권 아래 놓였던 도시 중의 하나였다. 똘레도에는 다이너마이트와 포격으로 불타고 부서진 성곽들로 된 요새가 있어서 스페인 역사에서 가장 찬란했던 공적을 말해 준다.

1936년 7월 21일 알까사르에는 1,100명의 남자들과 520명의 여자, 그리고 50명의 어린이들이 고립되어 있었다. 이 남자들은 대부분 사관 학교의 생도들과 민병 대원들이었다. 적색군들은 마치 굶주린 호랑이들과 같이 성 안의 저 용감한 사람들을 단숨에 삼켜 버리려 했다. 비행기의 폭격과 수백의 포탄들이 쉴 새없이 강인한 요새 위에 떨어졌다. 그러나 이들 수호자들의 사기는 한 치도 떨어지지 않았고, 오히려 그 적색군들에게 자신들이 밤낮으로 그들의 부녀자와 아이들, 그리고 스페인을 수호하기 위해 감시하고 있다고 말할 수 있었다.

7월 23일 전화가 울렸다. 크고 둔탁한 목소리의 한 남자가 똘레도에서 전화를 했는데 그는 알까사르의 대장에게 연결시켜 줄 것을 요청했다. 이윽고 모스까르도 대령이 수화기를 들었다.

— 여보세요. — 모스까르도 대령이십니까?

— 네, 무슨 일입니까?

— 저는 똘레도 시의 통치권을 갖고 있는 사회주의 민병대의 대장입니다. 알겠습니까?

— 네, 그런데요?

— 당신에게 10분간의 결정할 시간을 드리겠습니다. 만일 그 시간 내에 요새를 넘겨 주지 않는다면, 내게 잡혀 있는 당신의 아들은 죽게 될 것이오. 그리고 내 말이 거짓이 아님을 증명하기 위해 당신 아들과 지금 통화시켜 주겠소.

― 아버지, 안녕하세요?

― 그래, 아들아, 무슨 일이니?

― 저들이 만일 아버지가 요새를 내놓지 않으면 날 총살한대요. 그러나 걱정하지 마세요. 전 하느님과 스페인을 위해 영광스럽게 죽을 거예요.

― 그래, 루이시또, 스페인 국민으로서, 기독교인으로서 만세를 두 번 외치고 죽어라. 한 번은 그리스도를, 한 번은 스페인을 위해서 말이다.

수화기가 내려지고 이윽고 총탄이 그의 아들 루이스의 생명을 앗아 갈 때, 똘레도의 하늘에는 이 젊은이가 외친 두 번의 만세 소리가 울려 퍼졌다.

모스까르도는 아버지로서 이루 말할 수 없는 슬픔을 느꼈으나, 장군으로서 그는 다시 외쳤다. "병사들이여! 각자 제 위치로 가서 경계하라!"

한편, 바렐라 장군이 이끄는 군대는 똘레도로 강행군을 계속하고 있었다. 그 영웅들을 구하기 위해서는 제시간에 도착해야만 했었다. 수일이 지나갔다. 적색군들은 마치 맹수처럼 맹렬히 공격했다. 수호자들은 힘겹게 이 맹수 같은 적들과 대치하고 있었다. 72일이 지났다. 9월 27일이다. 바렐라 장군은 그의 부하들에게 "내일이면 우린 똘레도에 들어가 요새의 영웅들을 구하게 될 것이다"라고 말했다.

51 UN HEROE DE TRECE AÑOS

En Teruel había una dominada por la horda roja. Allí se encontraba un niño de trece años. Se llamaba Pepe Vicente.

Pepe Vicente quería a toda costa escaparse del dominio rojo. Sus ojos miraban con ansiedad buscando el camino de la verdadera España. Al fin, vio una senda que podría ser la de su salvación y se decidió a seguirla.

Pero ¿qué haría con su hermano Luisito, niño de nueve años, el único miembro que le quedaba de su familia?

La noche era dura hasta la crueldad. Era el mes de enero, y el campo estaba cubierto de una gruesa capa de nieve. La oscuridad era impresionante, el frío helaba hasta la respiración.

Pepe Vicente se arma de todo su valor. Carga sobre sus hombros su hermanito y se dirige a las filas nacionales. Las balas traidoras rasgan la noche con silbidos de muerte.

Amparado por la oscuridad el niño avanzaba con firmeza. De pronto, las frías aguas del río Turia se oponen a su paso. Nuestro héroe no vacila ni un instante y cruza la peligrosa corriente con el agua hasta el cuello.

Ya está cerca de las líneas nacionales cuando los reflectores enemigos lo descubren entre las sombras: la noche se llenó de disparos. El muchacho avanza, sigue avanzando, se agacha, se levanta. Las balas silban junto a sus oídos. Al fin, Pepe Vicente se deja caer como muerto sobre la helada nieve.

Así pasaron algunas horas. Luisito, que al principio se quejaba de frío, ya ni eso podía hacer. Su hermano le apretaba fuertemente contra su corazón para darle calor.

Amaneció. Pepe Vicente se levantó y echó a correr hacia las líneas de España. Aún seguía apretando contra su pecho··· el cadáver de su hermano; porque Luisito había muerto helado sin exhalar un suspiro.

Cuando Pepe llegó a los soldados de España sintió el gozo de la seguridad, aunque bañado en lágrimas por la muerte de Luisito.

Un jefe de Falange, admirado del heroico niño, se acercó a él y le dijo: 《No llores, muchacho; tu hermano desde el cielo nos ayudará a salvar a nuestra Patria. ¡Arriba España!"》

Pepe Vicente reprimió, como un hombre, su dolor; sorbió su llanto y, brazo en alto, frente al cadáver de su hermanito, grito: ¡Por Dios, por España, por Franco, hermano mío, PRESENTE!

 Note

* **a toda costa** : 무슨 수를 써서라도, 어떤 희생을 치르더라도
* **de pronto** : 별안간
* **oponerse a ~** : ~에 반대하다, 거스르다
* **junto a ~** : ~옆에서
* **echó a correr hacia ~** : ~을 향해 달리기 시작했다(echar a+inf)
* **aunque bañado en lágrimas por la muerte de Luisito** : 비록 루이시또의 죽음 때문에 눈물로 뒤범벅이 되었을지언정
* **Falange** : 1933년, 쁘리모 데 리베라가 조직한 군부를 배경으로 하는 국수적인 정치 결사. 후일 프랑꼬 장군이 이어받은 **Falange Española Tradicionalista**.

51 13세의 영웅

떼루엘은 일부가 적색군에 의해서 통치되고 있었다. 거기에 13세의 한 소년이 있었다. 이름은 뻬뻬 비센떼였다.

뻬뻬 비센떼는 어떻게 해서든 적색군의 통치에서 벗어나려고 했다. 그의 눈은 진정한 스페인으로 가는 길을 찾느라 여념이 없었다. 마침내 구원의 길이 될 수 있을 것 같은 오솔길을 찾았으며 그 길을 따라가기로 결심했다.

그러나 그의 가족 중 유일한 생존자인 9살짜리 남동생 루이시또를 어떻게 데려갈 것인가?

밤은 잔인할 정도로 혹독했다. 1월이었고 들판은 눈으로 두껍게 덮여 있었다. 칠흑 같은 어둠 속의 추위는 입김마저 얼릴 정도였다.

뻬뻬 비센떼는 용기로 온통 무장했다. 그의 남동생을 어깨에 들쳐 엎고 국민군 쪽을 향했다. 빗발 같은 탄환은 죽음의 소리를 내며 밤의 적막을 깨뜨렸다.

어둠을 틈타 소년은 대담하게 나아갔다. 그러나 곧 뚜리아 강의 차가운 물이 그의 길을 가로막았다. 우리의 영웅은 조금도 망설이지 않고 목까지 차는 위험한 물살을 건넜다.

적색군의 조명등이 어둠 속에서 그들을 발견했을 때, 그들은 이미 국민군 진영에 가까이 접근했다. 밤은 총성으로 가득 찼다. 소년은 계속 앞으로 나아가고 또 갔으며, 숨었다가 또 일어섰다. 총성이 그의 귓전을 스쳤다. 마침내 뻬뻬 비센떼는 얼어붙은 눈 위에 죽은 것처럼 넘어졌다.

그렇게 몇 시간이 흘렀다. 처음엔 춥다고 투덜대던 루이시또는 이젠 그것조차도 할 수가 없었다. 그는 동생의 체온을 유지시키려고 그의 가슴을 꼭 끌어안았다.

동이 텄다. 뻬뻬 비센떼는 일어나서 스페인 진영으로 달리기 시작했다. 그는 여전히 가슴에 꼭 끌어안고 있었다. 동생의 시신을 …. 루이시또는 이미 싸늘하게 얼어 죽어 숨을 쉬지 않고 있었던 것이다.

삐삐 비센떼가 스페인 군대에 이르렀을 때, 루이시또의 죽음으로 인해 눈물로 뒤범벅되었지만 그는 안도의 기쁨을 느꼈다.

영웅 소년에게 감탄한 필랑헤의 장군은 그에게 다가가서 말했다. "울지 말아라. 너의 동생은 하늘에서 우리 조국이 승리하도록 우리를 도울 것이다. 스페인 만세!"

삐삐 비센떼는 어른처럼 고통을 참고 눈물을 삼키었다. 그리고 그의 동생의 시체 앞에서 손을 높이 들고 외쳤다. "내 동생아, 하느님과 스페인, 그리고 프랑꼬를 위하여 함께 하거라!"

52 SANTA MARÍA DE LA CABEZA

Entre los riscos de Sierra Morena, en la provincia de Jaén, se levantaba un pequeño santuario dedicado a Santa María de la Cabeza. El 29 de julio de 1936 se acogieron al amparo de este santuario 1.500 personas que huían de las garras de los rojos. De ellas, sólo 500 estaban en condiciones de combatir. Las otras eran mil mujeres, ancianos y niños; familias de la Guardia Civil, que mandaba el capitán Cortés; vecinos de los pueblecillos de la comarca y humildes colonos que escapaban así al asesinato.

Al frente de todos estaba el capitán Cortés, hombre previsor y de grandes dotes de mando. Este ilustre jefe tuvo mucho cuidado de reunir buena cantidad de municiones y alimentos, que aseguraran la resistencia para un mes por lo menos. Suponía Cortés que todo terminaría en pocos días con el triunfo de Franco.

Los milicianos rojos, enterados de la formación de este grupo de resistencia, organizaron una columna para aplastarlo. Los primeros asaltos fracasaron totalmente. Vinieron nuevos refuerzos rojos y volvieron a fracasar. En el mes de septiembre ya había varios miles sitiando a aquel grupo de héroes. El capitán Cortés se vio obligado a realizar peligrosas salidas y meterse valientemente en campo enemigo para buscar provisiones. En una de esas incursiones se apoderó de un rebaño de cabras. Pero aquello no tenía trazas de terminar. El santuario se hallaba lejos del frente nacional y no era posible la liberación. Pero se les ayudaría en todo lo que se pudiera. Y para ello se organizó un suministro de víveres, medicinas y armamento por medio de aviones. El gran protagonista de este suministro aéreo fue el capitán Carlos de Haya, uno de los mejores pilotos del mundo y héroe de nuestra Cruzada. A pesar de estos esfuerzos, la posición no podía sostenerse mucho tiempo.

Nueve meses duró el asedio. El primero de mayo de 1937, la posición fue asaltada por una masa de 6.000 hombres bien armados del ejército rojo, cuando todos los combatientes defensores estaban muertos o heridos. Con ellos sucumbió el heroico jefe. La gesta de Numancia se había repetido.

Jaén 지방의 전경

 Note

* **por lo menos** : 최소한
* **fracasar** : 실패하다. 분쇄되다 (↔ **tener éxito en** ~)
* **verse obligado a~** : 부득이하게 ~하도록 되어 있다(=estar obligado a ~)
* **por medio de** ~ : ~을 통하여
* **Numancia** : 누만시아. 기원전 131년 죽음으로 로마에 항거한 스페인 국민의 애국과 항쟁의 역사지.

52 산따 마리아 데 라 까베사

하엔 지방의 모레나 산맥의 바위 산에 산따 마리아 데 라 까베사를 기리는 작은 수도원이 있었다. 1936년 7월 29일 적색군 치하로부터 1,500명이 이 곳으로 도피했다. 그들 중에 싸울 수 있는 사람은 단지 500명이었고, 나머지 1,000명은 여자들과 노인들과 어린아이들이었다. 이들은 꼬르떼스 대위가 거느린 시민군의 가족들, 그 지방 주민의 이웃들, 그리고 암살을 피해 도망친 신분이 낮은 소작인들이었다.

이들의 선두에는 재빠른 판단력과 유능한 통솔자인 꼬르떼스 대위가 있었다. 이 뛰어난 대장은 적어도 한 달 동안 버틸 수 있는 군수품과 식량을 모으는 데 신경을 썼다. 꼬르떼스는 며칠 안에 프랑꼬의 승리로 종식될 것이라고 예상했다.

이러한 저항군이 있다는 것을 알아챈 적색군의 민병 대원들은 저항군을 물리치기 위하여 부대를 조직했다. 처음 습격은 완전히 실패했다. 새로운 붉은 군대의 증원군들이 왔으나 다시 실패했다. 9월에는 그 영웅들을 수천 명의 병사들이 포위하고 있었다. 꼬르떼스 대위는 군수품을 구하기 위해 위험한 출정을 마다하지 않고 용맹하게 적 진영에 침투해야만 하였다. 이와 같은 침투 방법의 일환으로 양 떼를 약탈하였다. 그러나 그렇게 해서 끝날 일이 아니었다. 수도원은 국경에서 멀리 있었고 해방은 가능하지 않았다. 그러나 할 수 있는 한 모든 것에서 그들은 도우려 했다. 그들을 위해 비행기를 이용한 식료품, 약품, 그리고 무기 공급을 계획했다. 이 공중 공급의 위대한 주인공은 가장 유명한 조종사 중의 한 사람이며 십자군 전쟁의 영웅인 까를로스 데 아야 대위였다. 이러한 노력에도 불구하고 이 곳은 오랫동안 버틸 수가 없었다.

9개월을 포위된 채 있었다. 1937년 5월 1일, 모든 전투원들이 죽고 부상당해 있을 때 붉은 군대의 6,000명의 무장 군사들이 습격했다. 그들과 함께 영웅적인 대장도 쓰러졌다. 누만시아의 무훈이 다시 재현되었던 것이다.

53 FRANCO Y LA RECONSTRUCCIÓN NACIONAL

Francisco Franco Bahamonde, Caudillo de España y Generalísimo de los Ejércitos Nacionales, ha sido el artífice de la victoria y el organizador de la paz. El ha puesto las bases e iniciado el camino cierto del engrandecimiento de la Patria. Ha sido el genial realizador de lo que ayer fue grito de guerra y hoy es consigna de trabajo: 《ESPAÑA UNA, GRANDE Y LIBRE》.

La República había dividido a los españoles y arruinado a la nación. Había que hacer una España nueva, había que convencer a los españoles que todos somos hermanos y que en vez de desangrarnos unos a otros, tenemos que trabajar todos juntos para hacer que España sea respetada por todo el mundo. Esto es lo que se ha propuesto nuestro Caudillo, y esto lo que está consiguiendo.

Para fortalecer nuestra unidad, el gobierno español ha publicado sabias leyes, como 《EL FUERO DE LOS ESPAÑOLES》, 《EL FUERO DEL TRABAJO》 y la 《LEY FUNDAMENTAL DEL REINO》.

Nadie ha hecho tanto como Franco por la grandeza de nuestra Patria. El ha impulsado el maravilloso resurgimiento cultural estableciendo el Consejo Superior de Investigaciones Científicas y las Universidades Laborales. Él ha dado incremento, como ningún gobierno anterior, al desarrollo de la agricultura, de la industria y del comercio.

Estas afirmaciones están comprobadas por las grandes obras realizadas, que causan admiración a los mismos extranjeros. Tales son, por ejemplo: el plan Badajoz, los riegos de las Bárdenas y los Monegros y de otras zonas de España; los numerosos embalses construidos; los grandes centros o complejos industriales establecidos en Puertollano, Cartagena, Puentes de García, Rodríguez; las grandes refinerías de petróleos de Tenerife y Cartagena; las fábricas de automóviles, de fibras artificiales, de aluminio, de cemento, de productos químicos, de antibióticos, etcétera, etc.

RESPONDE :

¿A quién debe España su prosperidad actual? — ¿Cómo ha contribuido el gobierno español a fortificar la unidad de los españoles? — ¿Qué grandes obras ha realizado el gobierno español?

 Note

* **unos a otros :** 서로서로
* **Nadie ha hecho tanto como Franco ~ :** 아무도 프랑꼬만큼 ~하지 못했다
* **antibiótico :** 항생 물질, 항생제

53 프랑꼬와 국가 재건

스페인의 총통이자 삼군의 총사령관인 프란시스꼬 프랑꼬 바아몬데는 승리의 용사이자 평화의 창설자였다. 그는 스페인 번영의 기초를 닦아 놓고 확실한 길을 제시한 인물이었다. 과거에는 전쟁의 구호였고, 오늘날에는 모든 일에 수칙이 되어 버린 '스페인은 하나이고, 위대하고, 자유롭다' 라는 지표를 만든 기발한 제작자였다.

공화파는 스페인 국민을 분열시키고 국가를 황폐화시켰다. 새로운 스페인을 건설해야만 했으며, 스페인 국민으로 하여금 그들 모두가 형제이며 서로 죽이고 싸우는 대신, 전세계가 경의를 표하는 스페인을 만들기 위해 모두가 함께 노력해야만 했다. 바로 이것이 프랑꼬 총통이 제안하고 추구해 왔던 바로 그것이었다.

스페인의 단결을 강화시키기 위해 스페인 정부는 '스페인 국민의 법'(El Fuero de los españoles), '노동법'(El Fuero del Trabajo), 그리고 '국가 기본법'(Ley Fundamental del Reino) 등과 같은 훌륭한 법들을 공포했다.

아무도 프랑꼬만큼 스페인의 번영을 위해 공헌한 자는 없을 것이다. 그는 '고등 과학 연구소'(Consejo Superior de Investigaciones Científicas)와 '노동 대학'(Universidades Laborales)을 설립함으로써 스페인 문화의 경이적인 부흥을 추진하였다. 그는 이전의 어느 통치자보다 농업과 산업, 무역의 발달에 지대한 공헌을 하였다.

이러한 단언은 그가 이룩해 놓은 위대한 업적들을 통해 확인할 수 있으며, 그것들은 외국인들도 감탄할 정도이다. 예를 들어 바다호스 계획, 바르데나, 모네그로와 그 밖의 스페인의 여러 지역에서의 관개 공사와 무수히 건설된 저수지들, 뿌에르또야노, 까르따헤나, 뿌엔떼스 데 가르시아, 로드리게스 등에 건설된 대규모 산업 종합 중심지들과 떼네리페와 까르따헤나의 거대한 정유 공장들, 자동차, 인조 섬유, 알루미늄, 시멘트, 화학 제품, 항생제 등의 제조 공장 등이 있다.

54 EL VALLE DE LOS CAÍDOS

En plena sierra del Guadarrama, no lejos de El Escorial, Franco ha hecho construir un grandioso monumento a los CAÍDOS de la CRUZADA NACIONAL. En el interior de una montaña se ha excavado en roca viva un gigantesco templo. Su nave principal es la más larga del mundo. Este templo, espléndidamente ornamentado, está destinado a PANTEÓN de cuantos españoles cayeron luchando noblemente en la CRUZADA NACIONAL.

Por encima de la montaña donde está excavada la basílica, se levanta una cruz gigantesca de 150 metros de altura, que es lo más admirable del VALLE DE LOS CAÍDOS. Esta grandiosa CRUZ significa la sangre del millón de españoles que regó los campos de la Patria sin distinción de zonas o de bandos contrarios, y nos enseña que el deseo del Caudillo es que siempre España sea UNA. Sus enormes brazos extendidos sobre la montaña semejan los brazos de Dios Todopoderoso que se abren sobre nuestra Patria para bendecirla y hacerla grande.

Al pie de la enorme cruz que corona la montaña sagrada, está el monasterio de Benedictinos, a quienes está encomendado el ofrecer sufragios por las almas de los caídos y rogar a Dios por la unidad, prosperidad y grandeza de España. Diariamente se celebra una misa de difuntos por los caídos de la Cruzada.

Ha querido el Caudillo que esta abadía de la SANTA CRUZ DEL VALLE DE LOS CAÍDOS sea al mismo tiempo una ESCUELA de estudios sociales, en la que siguiendo la enseñanzas de los Papas y obedeciendo a las leyes españolas, se estudien los mejores medios para resolver la cuestión social, es decir, los mejores medios para conseguir que los ricos sean menos ricos y que los pobres sean menos pobres; que la riqueza esté mejor repartida, que las relaciones entre los patronos y los trabajadores sean justas y hasta cordiales, único modo de alcanzar el mayor bienestar de cada uno y la prosperidad de la Patria.

RESPONDE :

¿Dónde está el VALLE DE LOS CAÍDOS? — ¿Por qué se llama así? — ¿Qué altura tiene la cruz elevada sobre el monte? — ¿Qué escuela funciona allí? — ¿Qué monjes cuidan del culto?

사자들의 계곡

Note

* **lejos de ~ :** ~에서 먼
* **una misa de difuntos :** 장례 미사
* **por encima de ~ :** ~의 위에서
* **Al pie de ~ :** ~의 밑부분에

54 사자(死者)들의 계곡

엘 에스꼬리알에서 멀지 않은 구아다라마라는 산맥 한가운데에 프랑꼬는 국민 십자군의 전사자들을 기리는 대규모의 기념비를 세웠다. 산 내부에 예리한 바위를 깎아서 세운 거대한 사원이 있다. 그 사원의 중심 회랑은 세계에서 제일 길다. 화려하게 장식된 이 사원은 국민 십자군 전쟁에서 숭고히 싸우다 전사한 모든 스페인 군인들을 기리기 위해 만든 사당인 것이다.

동굴을 파서 교회당을 만든 산 윗 부분에 150m 높이의 거대한 십자가가 세워져 있는데 바로 이것이 '사자(死者)들의 계곡'의 압권이다. 이 거대한 십자가는 반대쪽 파벌이나 진영 구분 없이 조국의 땅에서 싸우다 전사한 수백만의 스페인 군인들이 흘린 피를 상징하는 것이며, 이는 프랑꼬가 "항상 스페인은 하나"이길 원했었다는 것을 말하여 준다. 산 위로 굳게 뻗어 있는 이 십자가의 거대한 팔은 마치 스페인을 축복하고 위대하게 만들기 위해 펼쳐진 전지 전능한 하느님의 팔 같다.

이 신성한 산의 꼭대기를 화려하게 장식하는 이 거대한 십자가의 밑부분에 베네딕또 수도원이 있는데, 이 곳은 전사자들의 영혼을 위해 기도를 하며 스페인의 단합과 번영과 발전을 하느님께 간구하는 사명을 안고 있다. 여기서는 매일 십자군 전쟁의 전사자들을 위해 바치는 장례 미사가 거행된다.

프랑꼬는 '사자들의 계곡'의 신성한 십자가가 있는 이 수도원이 동시에 사회학 연구를 위한 학교로도 활용되어 교황들의 가르침을 따르고 스페인 법을 지키면서 사회적 문제를 해결하기 위한 최선의 방책들이 연구되기를 바랐다. 그것은 부유한 자는 덜 부유하고 가난한 자는 덜 가난하게 하기 위한 최선의 방법이었다. 다시 말해 부가 가장 평등하게 분배되고, 노사 간의 관계가 가장 공정하고 성실하게 이루어지기 위한 방법들로서, 스페인 국민 각자의 최대의 복지와 조국 스페인의 번영을 성취하기 위한 최상의 방법을 말하는 것이다.

55 EL BOOM TURÍSTICO

Al empezar los años 50 el gobierno dictatorial de Franco vio que la depresión económica causada por el programa fascista de autosuficiencia comercial no podía continuar. Franco se dio cuenta de que habría ciertas ventajas en una iniciativa de fomentar relaciones económicas con otros países.

Se inició una campaña para atraer no sólo inversiones de capital extranjero, sino también el turismo. El fenómeno del turismo fue la salvación económica de un país entonces pobre y atrasado. 《España es diferente》, clamaban los nuevos funcionarios y ministros franquistas, algunos de ellos miembros del *Opus Dei*, una organización religiosa que se interesaba en la tecnología y economía del país. Se creó de España la imagen del país barato donde una persona de la clase media de cualquier país europeo podía pasar sus vacaciones y gozar del sol. Estos turistas traían dinero que contribuía a la economía española.

Durante los años cincuenta hubo una emigración importante de españoles, en su mayoría extremeños y andaluces, principalmente a Alemania e Inglaterra, y también al norte de España, a Cataluña en particular, donde había más oportunidades de trabajo. Muchos de estos emigrados mandaban parte de su sueldo a sus familias, que habían dejado en España. A partir de 1955 el nivel de vida española subió substancialmente. Es de notar que España logró sus avances económicos casi enteramente con capital extranjero.

Sin embargo, a pesar de los progresos económicos, la censura, el exilio y la represión continuaron en los años 50 hasta la muerte del dictador. La censura siguió funcionando como órgano represivo, pero ahora bajo los auspicios del Ministerio de Información y Turismo. España aspiraba a tener relaciones culturales y económicas con otros países democráticos, con tal de que ésta no se 《contaminara》 de las ideas y programas liberales, o según el ministerio, 《permisivos》, de aquellos países.

En 1966 Manuel Fraga Iribarne, quien después de la muerte de Franco fue el candidato conservador para la presidencia del país, asumió el cargo de Ministro de Información y Turismo. Bajo Fraga, la censura se convirtió en autocensura. El régimen declaró que los escritores, periodistas, directores de cine, etcétera, tenían que ejercer sus respectivos oficios con 《discreción》, sin ofender a las tres instituciones máximas: el estado, es decir, Francisco Franco, las fuerzas militares y la iglesia. Entonces, los mismos editores y escritores debían cumplir con las reglas implícitas del censor bajo la vigilancia del Ministerio de Información y Turismo.

Pero durante los últimos años del régimen de Franco la crítica social y política se intensificó. En revistas de disidencia como *Triunfo y Cuadernos para el Diálogo* se publicaron artículos criticando abiertamente el gobierno. También hubo manifestaciones y protestas de estudiantes que querían más libertad política junto a huelgas de obreros que demandaban el derecho de formar sindicatos independientes del gobierno.

55 관광 붐

50년대가 시작되었을 때 프랑꼬의 독재 정부는 무역 자급 자족의 파시스트 계획이 야기한 경제적인 불황을 더 이상 계속 유지할 수 없다고 생각했다. 프랑꼬는 다른 나라들과 경제적인 관계를 촉진시킴으로써 많은 이득이 생길 것이라고 생각했다.

외국 자본의 투자뿐만 아니라 관광객을 유치하기 위한 캠페인이 시작되었다. 관광 사업은 그 때까지 가난하고 뒤떨어진 나라에 경제적인 구원이었다. "스페인은 다르다"라고 프랑꼬의 새로운 공무원들과 장관들은 외쳤는데, 그들 중 몇 명은 국가의 기술과 경제에 관심을 가지고 있었던 종교적 조직인 '오푸스 데이'의 일원들이었다. 스페인은 유럽 다른 나라의 중산층 정도면 그 곳에서 휴가를 보내고 태양을 즐길 수 있는 값싼 나라라는 이미지를 갖게 되었다. 관광객들이 쓴 돈은 스페인 경제에 기여했다.

50년대에 스페인 사람들의 상당수가 이민을 갔는데, 이들은 에스뜨레마두라 지역과 안달루시아 지역 출신 사람들로 주로 독일과 영국으로 이민을 떠났고, 또한 스페인의 북쪽 지역, 특히 일자리를 구할 기회가 더 많은 까딸루냐 지역으로 이주했다. 이들 이주민들의 대부분은 스페인에 남아 있는 그들 가족들에게 그들 월급의 일부분을 보냈다. 1955년부터 스페인 사람들의 생활 수준은 사실상 향상되었다. 스페인은 거의 전부 외국 자본으로 경제적인 진보를 이룬 점을 유의해야 한다.

그러나 경제적인 진보에도 불구하고, 검열, 망명과 탄압은 독재자의 사망 때까지 50년대에 계속되었다. 검열은 탄압의 기구로서 계속 작용하였지만, 이제는 통신관광부 장관의 지원 하에 이루어졌다. 스페인은 스페인이 통신관광부식 표현으로는 '용인할 만 하다' 는 민주주의 국가들의 자유주의적인 사상과 프로그램들에 '전염되지' 않는다는 조건하에 그들 국가들과 문화·경제적 교류를 갖길 원했다.

1966년 프랑꼬 사후에 스페인의 보수주의 대통령 후보였던 마누엘 프라가 이리바르네는 통신관광부 장관직을 맡았다. 프라가 밑에서 검열은 자기 검열로 변했다. 작가들, 신문 기자들, 영화 감독들 등등은 최고의 3 기관들, 즉 프란시스꼬 프랑꼬와 군대와 교회를 모욕하지 않는 범위에서 《신중히》 그들 각자의 직무를 수행해야 한다고 프라가 정권은 선언했다. 당시 그들 편집자들과 작가들은 통신관광부의 감시 하에 검열관의 무언의 규칙들을 완수해야 했다.

　　그러나 프랑꼬 정권 말기에 사회 정치적인 비평은 강화되었다. 「승리와 대화록」 같은 이단의 잡지는 공개적으로 정부를 공격하는 기사들을 실었다. 또한 정부로부터 독립적인 노조를 조직하는 권리를 요구했던 노동자들의 파업과 함께 더 많은 정치적인 자유를 원했던 학생들의 시위와 항의들이 있었다.

Note

* **boom :** 외래어로서 붐(절정기)
* **depresión :** 함몰, 하강, 저하, 불경기
* **fomentar :** 조성 · 보호하다, 장려, 진흥
* **darse cuenta de :** 깨닫다, 알아채다
* **censura :** 검열, 비난, 비평, 말썽
* **permisivo :** 묵인하는
* **implícito :** 함축성 있는, 절대적인
* **bajo auspicio de :** …의 후원으로, …의 원조로

56 ETA Y EL ASESINATO DE LUIS CARRERO BLANCO

En la actualidad, el problema de las nacionalidades o autonomías sigue sin resolverse. El gran deseo de conservar la identidad regional y de crear la posibilidad de autodeterminación ha amenazado la estabilidad política de todo el país. El problema ha sido particularmente grave en Euskadi. En 1959 algunos vascos organizaron Euskadi Ta Askatasuna (ETA), que en castellano significa ⟨tierra y libertad vascas⟩. La ETA luchó feroz y clandestinamente contra el gobierno franquista a base de secuestros, atracos, asesinatos y asaltos armados contra instalaciones de la Guardia Civil. El gobierno franquista respondió con detenciones, ejecuciones de supuestos miembros de la organización y una severa vigilancia policial en todo el País Vasco. En 1970 en el famoso ⟨Proceso de Burgos⟩ el gobierno ejecutó a dieciséis acusados de terrorismo incluyendo a dos sacerdotes. Hubo muchas protestas por las ejecuciones no sólo en España sino en muchas otras partes del mundo occidental. Por estas y otras causas los vascos llamaban a la policía franquista ⟨una fuerza de ocupación⟩.

En diciembre de 1973 ocurrió el acto más audaz y notorio de la lucha entre Euskadi y el resto de España. Un grupo de jóvenes vascos llegó a Madrid con el objeto de asesinar al primer ministro del país, el almirante Luis Carrero Blanco, muy famoso por su ideología ultratradicionalista, católica y antiliberal. Los españoles le llamaban ⟨el Ogro⟩. Miembros de la ETA pasaron en Madrid varios meses planeando el atentado. Construyeron un túnel debajo de una calle por la cual el almirante pasaba todos los días después de ir a misa. Pusieron dinamita en el centro del túnel. Cuando pasó el coche de Carrero Blanco, estalló la dinamita. Fue tan grande la explosión que el coche no se encontró sino horas después en la terraza de un edificio próximo. Los vascos se escaparon de Madrid y, desde Francia, anunciaron que ellos habían sido los autores del atentado. Para los oficiales franquistas y especialmente para Franco, la muerte de Carrero Blanco, amigo íntimo suyo por muchos años, fue un desafío a la estabilidad del orden dictatorial. Al fin de cuentas, la ETA había destruido el plan franquista de 《continuismo》, según el cual Carrero Blanco habría sido el jefe supremo del país después que el Generalísimo hubiera muerto. Franco ya había declarado que España volvería a la monarquía borbónica bajo el reinado del príncipe Juan Carlos, pero el verdadero jefe de estado sería Carrero Blanco. Los verdaderos asesinos nunca se encontraron. Pero esto no quiere decir que no hubo represalias. En 1975 cinco militantes revolucionarios fueron ejecutados bajo una nueva ley 《antiterrorista》.

56 '에따(ETA)'와 루이스 까레로 블랑꼬의 암살

현재, 민족 또는 자치의 문제는 해결되지 않고 계속된다. 지역적인 동일성을 보존하고 민족 자결의 가능성을 창안하려는 야심 찬 욕망은 국가의 정치적 안정을 위협했다. 특히 문제는 에우스까디에서 심각했다. 1959년 몇몇 바스크 사람들은 스페인어로 '바스크의 땅과 자유'를 의미하는 ETA를 조직했다. ETA는 민병대의 시설들에 대한 납치, 공격, 암살과 무장 습격에 바탕을 두고 프랑꼬 정부에 대해 잔혹하고도 비밀스럽게 투쟁했다. 프랑꼬 정부는 바스크 전역에서 그 단체 용의자들의 체포, 처형과 엄격한 정치적인 감시로 응했다. 1970년 유명한 '부르고스의 기소'에서 정부는 2명의 신부를 포함해서 16명의 테러 기소자들을 처형했다. 그 처형으로 인해 스페인뿐만 아니라 서구의 다른 많은 지역에서도 적지 않은 항의가 있었다. 이런 저런 이유로 인해 바스크인들은 프랑꼬 경찰을 '점령군'이라고 불렀다.

1973년 12월 에우스까디와 스페인의 나머지 지역 간의 투쟁의 하나로 대담하고 유명한 사건이 발생했다. 바스크 청년들의 한 집단이 극보수주의자, 가톨릭, 그리고 반자유적인 사상으로 아주 유명한 제독 루이스 까레로 블랑꼬 수상을 암살할 목적으로 마드리드에 도착했다. 스페인 사람들은 그를 '식인 귀신'으로 불렀다. ETA의 멤버들은 테러를 계획하면서 몇 달을 마드리드에서 보냈다. 제독이 미사 후 매일같이 지나가는 길 밑으로 터널을 뚫었다. 터널 중심에 다이너마이트를 설치했다. 까레로 블랑꼬의 차가 지나갈 때 다이너마이트가 폭발했다. 폭발력은 대단했으며 그의 차는 몇 시간 후 근처 건물의 발코니에서 발견되었다. 바스크인들은 마드리드에서 탈출했고, 프랑스에서 그들이 그 테러의 당사자들이라고 발표했다. 프랑꼬의 관리들에게, 특히 프랑꼬에게, 오랫동안 친한 친구였던 까레로 블랑꼬의 사망은 독재 질서 안정에 대한 도전이었다. 결국 ETA는 '정책의 계승'에 대한 프랑꼬의 계획을 무너뜨렸는데, 이 계획에 의하면 까레로 블랑꼬는 총통이 죽은 후에 나라의 최고직을 맡게 되어 있었다. 후안 까를로스 왕자의 통치 하에 부르봉 군주제로 스페인은 돌아갈 것이라고 프랑꼬는 선언했었지만, 실제 국가의 수장은 까레로 블랑꼬가 이었을 것이다. 진짜 암살범들은 결국 찾아 내지 못했다. 그렇다고 이것이 탄압이 없었다는 것을 의미하는 것은 아니다. 1975년 5명의 혁명 투사들은 새로운 '반테러' 법 하에 처형되었다.

 Note

* **ETA** : 바스크 독립을 원하는 무장 투쟁 단체
* **autodeterminación** : 자결주의
* **secuestro** : 유괴, 납치
* **detención** : 구류, 정지, 지체
* **Guardia Civil** : 스페인의 특수 경찰 조직으로서 마약, 테러, 고속 도로 순찰 등을 담당한다.
* **ejecutar** : 실행하다, 수행하다, 사형을 집행하다
* **notorio** : 주지의, 유명한, 세상에 알려진
* **Euskadi** : 바스크 지역 언어로 '바스크 민족' 이라는 뜻
* **proceso** : 재판, 심판
* **acusados** : 피고인
* **estallar** : 발발하다, (사건이) 일어나다, 폭발하다
* **el Ogro** : (북유럽 전설의) 식인귀
* **continuismo** : 정책의 계승
* **al fin de cuentas** : 요약하자면(en resumen)
* **Generalísimo** : 대원수, 총통(프랑꼬 총통에게 주어진 호칭)

57 LA MUERTE DE FRANCO Y LA DEMOCRATIZACIÓN

Al morir Franco el 20 de noviembre de 1975 después de una prolongada enfermedad, el pueblo español estaba ansioso por la democracia. Como el dictador ya había declarado que España volvería a ser una monarquía, muchos españoles estaban sospechosos de los motivos y preocupados por la posibilidad del retorno de la violencia de la Guerra Civil. Pero el nuevo rey, Juan Carlos I de Borbón, nieto de Alfonso XIII, abrió el camino a la democracia. Nombró a Adolfo Suárez como primer ministro quien se dedicó a organizar las primeras elecciones que tendría España desde 1936. Se liberaron muchos presos políticos, se legalizó la bandera vasca y, en septiembre de 1976, el pueblo catalán celebró su fiesta nacional, cosa que se había prohibido durante la época de Franco. Al año siguiente se legalizó el Partido Comunista Español. Las elecciones de 1977 representaban un paso a la estabilización de la democracia más perdurable de toda la historia de España. Fue un momento grandioso y optimista, una afirmación de la libertad y una denuncia contra la opresión. Votó más del 80 por ciento del electorado.

En estas elecciones se establecieron las tendencias políticas más dominantes entre los españoles. La derecha estaba compuesta de antiguos franquistas y afirmadores de ventajas y logros del régimen dictatorial anterior. El líder de este partido que entonces se llamaba Alianza Popular (ahora Partido Popular) era Manuel Fraga Iribarne. El candidato del centro político, el entonces UCD (Unión Centro Democrático) que ha resurgido bajo las siglas de CDS (Centro Democrático y Social), era Adolfo Suárez. El UCD ganó las elecciones y Adolfo Suárez llegó a ser el primer presidente del nuevo estado español. El tercer grupo, PSOE (Partido Socialista Obrero Español), dirigido por Felipe González, ganó entonces el 28 por ciento del voto. Pero en las elecciones que siguieron, celebradas en 1982, el PSOE ganó con una mayoría absoluta.

Los socialistas declaran que no son marxistas. Hay algunos que dicen que ni siquiera deberían emplear la palabra 《socialista》 en la denominación del partido. Son partidarios de la socialdemocracia, una democracia parlamentaria, un mercado libre con ciertos sectores públicos financiados por el gobierno. España, como muchos países europeos, también ha instituido la seguridad social que incluye beneficios médicos. Por la mayor parte los servicios médicos en España se pueden adquirir gratuitamente.

Después de las elecciones de 1977, los nuevos diputados de las Cortes (el parlamento español) empezaron a discutir los detalles de la nueva constitución. El resultado fue que en 1978 una constitución concebida, escrita y luego aceptada por las Cortes fue aprobada por el pueblo español en un referéndum. Esta constitución resolvió ciertos asuntos básicos para la continuación definitiva de la democracia. Establece, por ejemplo, que el gobierno español es una monarquía constitucional y puntualiza los poderes del rey, los del primer ministro y los de las Cortes. El rey es la cabeza de la rama militar del gobierno, pero fuera de esto, no goza de mucho poder administrativo. Sólo puede nombrar al primer ministro después que éste haya sido confirmado por las Cortes. Las Cortes se componen de dos cámaras: un Congreso de Diputados, cuyos miembros son elegidos por sufragio universal, y un Senado formado por cuatro representantes de cada provincia.

Sin embargo, muchos problemas políticos e históricos de la Península Ibérica han quedado sin resolver. Los responsables de la constitución optaron por el pluralismo e intentaron incorporar las ideologías de todos los partidos ya mencionados. Pero esta actitud creó cierta ambigüedad e ineficacia. Se abrió el camino a la autonomía de ciertas regiones con ley de autonomías, pero las características propias de tales 《nacionalidades》 como Galicia, Euskadi y Cataluña no se reconocieron de una manera que satisficiera a los ciudadanos de dichas zonas. También se estableció la separación de la iglesia del estado al afirmar que España no tendría una religión oficial. Se reconoció el papel fundamental de la iglesia sin precisar los detalles de la conexión. Pero para algunos españoles, a esta constitución le faltaba la sensibilidad tradicional católica, especialmente al abrir camino hacia el divorcio y al abolir la pena de muerte.

Suárez trató de resolver el problema de las nacionalidades; negoció con los líderes vascos un plan de autonomía que incluyera la libertad del País Vasco para formar su propio parlamento, policía y sistema jurídico. Este plan se aprobó en otro referéndum, en octubre de 1979. Sin embargo, la ETA lo veía como un intento deshonesto del gobierno para colonizar el País Vasco. En los años siguientes, Suárez y el UCD fueron atacados por todos los demás partidos políticos hasta que, en el invierno de 1981, Suárez dimitió. Su sucesor fue Leopoldo Calvo Sotelo.

En 1984 el gobierno aprobó una ley antiterrorista que, según algunos, debilita los mismos principios democráticos que inspiraron la constitución. Por ejemplo, la policía puede detener a un sospechoso de un delito 《terrorista》 e interrogarlo sin acusarlo de ningún crimen. La ambigüedad y torpeza del gobierno frente a los problemas que siguen sin resolver en las comunidades autónomas, unidas a la continuación de los actos violentos de la ETA, amenazan la estabilidad del país.

Note

* **ansioso :** 불안에 사로잡힌, (+ de) : …을 바라면서
* **liberar :** 해방하다, 자유를 주다, 석방하다
* **legalizar :** 공인하다, 법적으로 정당하다고 인정하다
* **afirmador :** 긍정하는 (사람)
* **instituir :** 세우다, 가르치다, 임명하다
* **referéndum :** 국민 투표
* **rama :** (나무의) 가지, 분파, 지점
* **sufragio :** 원조, 투표
* **las Cortes :** 스페인 의회(상 · 하 양원)
* **abolir :** 폐지하다, 철폐하다
* **pena :** 벌, 고통, 슬픔, 사형(pena de muerte)
* **jurídico :** 법률상의
* **inspirar :** 숨을 들이쉬다, 느끼게 하다, 영감을 주다, 암시하다
* **torpeza :** 우둔, 어리석음, 실수

57 프랑꼬의 죽음과 민주화

1975년 11월 20일, 오랜 질병으로 프랑꼬가 사망했을 때, 스페인 국민들은 민주주의를 간절히 바라고 있었다. 스페인은 군주제로 돌아갈 것이라고 이미 독재자가 선언했으므로, 많은 스페인 사람들은 그 동기를 의심했고 내전의 폭력으로 회귀할 가능성에 걱정하고 있었다. 그러나 알폰소 13세의 손자로 부르봉 가의 새로운 왕인 후안 까를로스 1세는 민주주의로의 길을 열었다. 1936년 이래 스페인에서 실시될 첫 선거들에 대한 기획을 전담할 수상으로 아돌포 수아레스가 임명되었다. 많은 정치범들이 석방되었으며, 바스크 국기가 합법화되었고, 1976년 9월에는 까딸루냐 주민들이 프랑꼬 시대 동안 금지되었던 민족 축제를 개최했다. 그 다음 해에는 스페인 공산당이 합법화되었다. 1977년 선거는 스페인 역사를 통해 가장 영속성 있는 민주주의의 안정화에 첫걸음을 의미했다. 자유에 대한 신념과 압제에 대한 고발이었던 위대하고도 희망 찬 순간이었다. 선거인 중의 80% 이상이 투표했었다.

이런 선거들에서 스페인 사람들 사이에 가장 지배적인 정치적 경향들이 확립되었다. 우익은 옛날 프랑꼬주의자들과 이전의 독재 정권의 장점과 업적을 긍정하는 사람들이었다. 그 때 당시 '국민연대'(현재는 국민당)라고 불린 이 당의 지도자는 마누엘 프라가 이리바르네였다. '민주사회중도파당'(CDS)이라는 약자로 다시 출현했던 '민주중도동맹'(Unión Centro Democrático)의 정치상의 중도파 후보는 아돌포 수아레스였다. UCD는 선거에서 승리했고 아돌포 수아레스는 새로운 스페인 국가의 첫 대통령이 되었다. 세 번째 그룹은 펠리뻬 곤살레스에 의해 이끌어진 'PSOE'(스페인사회주의노동자당)으로 28%의 득표를 획득했다. 그러나 1982년 거행된 다음 선거에서 PSOE는 절대 다수를 획득했다.

사회주의자들은 마르크스주의자들이 아니라고 선언한다. 몇몇은 당의 칭호에 있어 '사회주의자'란 단어를 사용하지 말아야 한다는 사람들도 있다. 사회민주주의, 의회 민주주의, 정부에 의해 금융이 조달되는 약간의 공공 부분이 있는 자유 시장을 찬성하는 사람들이다. 유럽의 다른 많은 나라처럼 스페인은 의료 복지를 포함하는 사회 보장을 제도화했다. 스페인에서 의료 서비스의 대부분은 무료로 받을 수 있다.

1977년 선거 후에 꼬르떼스(스페인 국회)의 새로운 의원들은 새로운 헌법의 세부 사항들을 논의하기 시작했다. 그 결과 1978년 입안되어 문서화된 후 의회에 의해 받아들여진 새로운 헌법이 국민 투표에서 스페인 국민들에 의해 승인되었다. 이 헌법은 민주주의의 결정적인 지속을 위해 몇몇 기본적인 사안들을 해결했다. 예를 들어 스페인 정부는 입헌 군주제이며 왕의 권한, 수상의 권한과 의회의 권한을 상세히 규정했다. 왕은 정부의 군사 부분의 수장이지만, 이것 외에 많은 행정부 권력을 가지지는 않는다. 단지 의회에 의해 인준 받은 후에 수상을 임명할 수 있다. 의회는 양원으로 구성된다. 즉 보통 선거에 의해 선출되는 국회의원들로 구성된 하원과 각 지방의 4명의 대표들로 된 상원이다.

하지만 이베리아 반도의 정치적이고 역사적인 많은 문제들은 해결을 못 본 채 남게 되었다. 헌법의 책임자들은 다원주의를 선택했고 이미 언급된 모든 정당들의 이데올로기를 편입시키려고 시도했다. 그러나 이런 태도는 모호성과 비효율성을 야기시켰다. 자치법으로 몇몇 지역들에게 자치의 길이 열렸지만, 갈리시아와 에우스까디와 까딸루냐 같은 '민족성'의 고유한 특징들은 그 곳 시민들을 만족시킬 정도로 인정되지는 않았다. 또한 스페인은 공식적인 종교를 갖지 않음을 표명하면서 국가로부터 교회의 분리가 정착되었다. 관련된 세부 사항을 정확히 정하지 않고 교회의 중요한 역할은 인정되었다. 그러나 일부 스페인 국민은 이 헌법에 가톨릭의 전통적인 정서가 결여되어 있다고 느꼈는데, 특히 이혼을 허용한 점과 사형을 폐지한 점이 그것이었다.

수아레스는 민족들의 문제를 해결하려고 했다. 바스크의 지도자들과 그들 고유의 의회, 경찰, 사법 제도를 구성하기 위해 바스크의 자유를 포함하는 자치제를 협상했다. 이 계획은 1979년 10월의 국민 투표에서 승인되었다. 그럼에도 불구하고 ETA는 바스크를 식민지화하기 위한 정부의 불명예스런 시도로 생각했다. 그 다음 해 수아레스와 UCD는 1981년 겨울 수아레스가 사임할 때까지 다른 모든 정치 정당들로부터 공격받았다. 그의 후계자는 레오뽈도 깔보 소뗄로였다.

1984년 정부는 반테러법을 통과시켰는데, 혹자들은 이 법이 헌법을 구성했던 민주주의적 원칙 자체를 약화시킨다고 생각했다. 예를 들어 경찰은 어떤 범죄로 기소하지 않고도 '테러' 범죄의 혐의자를 체포, 심문할 수 있다. ETA의 계속되는 폭력 행위와 관련하여 자치주에서 되풀이되는 해결책 없는 문제점들에 직면한 정부의 대처는 어리석고 모호한 태도를 보임으로써 국가의 안정을 위협하고 있다.

58 EL GOLPAZO DEL 23 DE FEBRERO

La amenaza más severa a la democracia española no fue causada por la ETA ni por ningún acto independentista. En febrero de 1981, casi inmediatamente después de la dimisión de Suárez, se intentó dar un golpe militar, el llamado 《golpazo》. Fue una maniobra bien planeada que tuvo consecuencias en varios lugares del país. Un teniente coronel de la Guardia Civil, Antonio Tejero Molina, entró en el Congreso de Diputados con 150 guardias armados con ametralladoras y fusiles. Tomaron preso al Congreso entero. En Valencia, en conjunción con el acto de Tejero, el capitán Jaime Milans del Bosch había entrado en la ciudad con tanques dispuesto a tomar el poder. Pero estos dos individuos no fueron los únicos responsables del golpe de estado. Unos treinta jefes oficiales tenían conocimiento del plan. Todos ellos se quedaron en sus respectivas guarniciones militares en espera de una declaración del rey. Pero el rey Juan Carlos I permaneció fiel a la constitución, señalando la deshonra política y moral de los militares. En vista de tal posición del trono, los militares se rindieron y fueron detenidos en nombre del orden legítimo de la democracia.

Después de este episodio tan dramático y tenso para el pueblo español se probó que la democracia española era algo seguro y duradero. La ideología expresada por el golpe era de una época ya terminada en la historia de la Península Ibérica.

Los problemas de la nación española son muchos, pero quizás el más grave sigue siendo el llamado 《estado de las autonomías》.

Como se ha visto, la constitución de 1978 intentó, sin resultado, solucionar el dilema de la extremada diversidad geográfica y cultural de la península con la reorganización del país a base de 《comunidades autónomas》. Pero esta reorganización que ha estado en vigencia desde 1979 no ha satisfecho a los que subrayan las diferencias culturales que existen dentro del país. En los últimos años se ha visto que el fervor nacionalista y autonómico no ha disminuido, sino que ha aumentado. Los partidos nacionalistas, el PNV (Partido Nacionalista Vasco) y Convergència i Unió (un partido catalanista dirigido por Jordi Pujol) han tenido grandes éxitos en las últimas elecciones. Y aunque los gallegos no han sido tan enfáticos como los vascos y los catalanes en la reclamación de sus derechos autonómicos, aún hay un marcado sentimiento galleguista entre muchos gallegos. Todo esto, junto con el problema de la violencia independentista, seguirá siendo uno de los problemas más graves del país.

 Note

* **golpazo :** 때리기, 심한 구타(여기서는 쿠데타 golpe de estado를 일컫는다.)
* **dimisión :** 해임, 사퇴
* **permanecer :** 머물다, 변함 없이 있다
* **comunidad :** 공통, 공동 사회

58 2월 23일 쿠데타

스페인 민주주의에 대한 가장 끔찍한 위협은 ETA에 의한 것도, 독립주의자의 활동에 의한 것도 아니었다. 1981년 2월, 수아레스의 사임 직후 '대(大)쿠데타'라 불리는 군사 혁명이 시도되었다. 국내 각지에서 커다란 성과를 가져왔던 치밀한 계획 하에 주도된 작전이었다. 민병대의 중령인 안또니오 떼혜로 몰리나는 기관총과 소총으로 무장한 150명의 군인들과 함께 국회로 난입했다. 의원 전체를 포로로 잡았다. 발렌시아에서는 떼혜로와 행동을 같이 한 하이메 몰리나스 델 보쉬 대위가 권력을 금방이라도 손아귀에 넣을 것 같은 탱크들을 앞세우고 도시에 입성했다. 그러나 이들 두 사람이 쿠데타의 유일한 책임자들은 아니었다. 약 30명의 장교들은 그 계획을 알고 있었다. 그들 모두는 왕의 지시를 기다리면서 그들 각자의 군사 병영에서 머무르고 있었다. 그러나 후안 까를로스 1세는 군인들의 정치적이고 도덕적인 불명예를 지적하였고, 헌법에 충실하면서 꼼짝 않고 있었다. 왕의 그런 입장을 보고서 군인들은 항복했고 그들은 민주주의의 합법적인 명령 하에 체포되었다.

그렇게 극적이고 긴장된 사건을 겪은 후, 스페인 국민들에게 스페인의 민주주의는 확실하고 지속적인 것이라는 것이 확인되었다. 쿠데타가 표방한 이데올로기는 이베리아 반도의 역사에서 이미 구시대의 유물이었던 것이다.

스페인 국가의 문제들은 많지만 아마 가장 중대한 문제는 소위 '지방 자치주'들이다. 이미 살펴본 것처럼 1978년 헌법은 성과도 없이 '자치주'들을 기초로 한 국가의 재편성으로 반도의 지리적이고 문화적인 극단적 다양성의 딜레마를 해결하려고 시도했다. 그러나 1979년부터 효력을 가진 이 재편성은 국가 내에 존재하는 문화적 차이를 강조하는 사람들을 만족시키지 못했다. 최근에는 민족주의와 자치의 열정이 감소한 것이 아니라 더욱 증가한 것으로 나타났다. '바스크민족주의당'(PNV)과 조르디 뿌졸이 이끄는 '까딸루냐당'(Convergència i Unió) 같은 민족주의 당들은 최근 선거에서 큰 성공을 거두었다. 그리고 갈리시아 사람들은 그들의 자치 권리를 요구하는 데 있어 바스크나 까딸루냐처럼 그렇게 강력하지는 않았지만, 많은 갈리시아 사람들 사이에서 그들만의 지역성은 여전히 남아 존재한다. 이런 모든 것은 독립주의자들의 폭력 문제와 함께 계속해서 국가의 가장 중대한 문제 중의 하나로 남게 될 것이다.

59 LA NUEVA EUROPEIZACIÓN DE ESPAÑA

Para muchos españoles de hoy día, especialmente para los políticos y los empresarios, una de las tendencias más positivas para la nación es la europeización. Este tema siempre ha sido muy debatido a lo largo de la historia española, pero en la última década ha resurgido con nuevo vigor. A diferencia de los debates anteriores sobre la《europeización》de España, actualmente se han visto ciertos acontecimientos concretos que han iniciado su incorporación definitiva a las esferas políticas y económicas europeas: la entrada de España en la Comunidad Económica Europea (CEE) y en la OTAN (Organización del Tratado del Atlántico del Norte).

La entrada de España en la CEE se interpreta como un fenómeno muy positivo para la economía del país. Sin embargo, hay algunos que creen que no es así. Desde hace más de treinta años se ha hablado de la incorporación española a la CEE. Pero los gobiernos poderosos de Europa como Francia y Alemania expresaron su desconfianza en los países no democráticos como aliados económicos. Después de la muerte de Franco y de la estabilización de la democracia, tal actitud cambió. Bajo las iniciativas del PSOE, España empezó a formar parte de la CEE en 1986.

Las ventajas y desventajas de la incorporación no se sabrán hasta después de cierto tiempo, pero uno de los resultados beneficiosos por ahora es el incremento de mercados nuevos para los productos españoles. Se espera, entonces, que el interés en los productos españoles por parte de gobiernos y empresas extranjeros, además del deseo de invertir capital en la economía española, serán beneficiosos para la nación.

Por otro lado, lo que preocupa a los ciudadanos es la inflación, un fenómeno siempre peligroso cuando no va acompañado de una subida proporcional de sueldos. Muchos españoles se quejan de los precios altos pero aún no dejan de comprar en el mercado. Desafortunadamente la inflación desenfrenada es otro motivo por el cual se dice entre los españoles: 《Ahora somos europeos.》

Otro factor que ha tenido fuertes repercusiones económicas son las Olimpiadas de 1992 junto con la celebración del quinto centenario de la exploración de América. Por ahora ha habido sumo interés en todos los asuntos relacionados con la cultura española e iberoamericana además del gran boom económico que se espera que provoquen las Olimpiadas. Pero el temor reside en el carácter transitorio de los dos eventos. Muchos españoles se preguntan ¿qué pasará después de 1992?

Las bases militares norteamericanas han estado en España por mucho tiempo. Pero España no perteneció a la organización de la OTAN sino hasta 1982, durante la presidencia transicional de Leopoldo Calvo Sotelo. Hubo protestas de ciertos sectores izquierdistas y antinorteamericanos incluyendo los del PSOE. Se declaraba que la entrada en la OTAN había sido una maniobra interesada y antidemocrática por parte del entonces partido gobernante, UCD. En la campaña de las elecciones de 1982, el primer candidato del PSOE, Felipe González, quien luego llegó a ser primer ministro, prometió un referéndum sobre la cuestión de la OTAN. También afirmó sus discrepancias con los líderes de UCD sobre las ventajas para España de la permanencia en la

OTAN. Muchos miembros del PSOE decían que España debería declararse neutral en cualquier asunto político y/o militar que tuviera que ver con la guerra fría.

Después de la rotunda victoria de González y del PSOE en 1982 las posturas cambiaron. El prometido referéndum sobre la OTAN no se actualizó hasta 1986 y mientras tanto el PSOE cambió de postura. Se declaró a favor de la OTAN por razones económicas. La participación española en los debates sobre la defensa del mundo occidental terminaría el aislamiento que sufría España a causa del régimen de Franco. En cambio, los partidarios de la no-permanencia, pacifistas, comunistas, los sectores izquierdistas de los intelectuales y gente joven, decían que la OTAN es una organización militar manipulada por los Estados Unidos y que defiende los intereses militares no de Europa sino de Norteamérica. Pero Felipe González y Alfonso Guerra, el vicepresidente, insistían en la conexión económica entre la OTAN y la CEE. También se decía que la economía de España sufriría la pérdida de miles de puestos de trabajo si se retirara de la OTAN. Los argumentos del PSOE dieron resultado. El sí ganó aproximadamente el 52 por eiento mientras que el no el 40 por ciento. El resto se abstuvo de votar. Después del referéndum González ganó las elecciones siguientes (junio de 1986) sin mucha dificultad. Pero las discrepancias entre el pueblo español sobre la necesidad de la permanencia en la OTAN siguen, particularmente en vista de los grandes cambios políticos en los países del Pacto de Versovia (que se abolió en 1990). También hay muhos que opinan que la presencia de bases militares norteamericanas en tierra española no es sólo innecesaria, sino que es otra demostración de la prepotencia imperialista norteamericana.

59 스페인의 신 유럽화

오늘날의 스페인 사람들, 특히 정치인들과 기업인들에게 국가를 위한 가장 긍정적인 조류 중의 하나는 유럽화이다. 이 주제는 스페인 역사를 통해서 항상 논란이 심한 것이었으나 최근에는 새롭게 활기를 띠고 등장했다. 스페인의 '유럽화'에 관한 이전의 논쟁과는 달리, 현재는 유럽경제공동체(CEE)와 북대서양조약기구(OTAN)와 같은 유럽의 정치와 경제권에 결정적으로 편입시키려는 구체적인 성과를 나타내고 있다.

스페인의 유럽경제공동체로의 가입은 스페인의 경제를 위해서는 매우 긍정적인 현상으로 해석된다. 그러나 반대 입장인 사람들도 있다. 30년 이전부터 유럽경제공동체로의 스페인 가입이 논의되었다. 그러나 프랑스나 독일 같은 유럽의 막강한 정부들은 경제 연맹으로서 비민주적인 국가들에 대해 불신임을 표시했다. 1986년 프랑꼬의 사망과 민주주의의 안정 이후, 스페인은 유럽경제공동체에 참가하기 시작했다.

가입의 득과 실은 어느 정도 시간이 흐를 때까지는 알 수 없지만, 현재의 긍정적인 결과는 스페인 산 제품들이 새로운 시장의 확대를 맞았다는 것이다. 외국정부와 기업 측에서 스페인 경제에 자본을 투자하려는 의사를 차치하고라도, 스페인 산 제품들에 대한 관심은 국가적 이득이 될 것으로 기대된다.

한편 시민들이 우려하는 것은 인플레이션으로, 이는 임금의 균형 잡힌 상승이 동반되지 않았을 때는 항상 위험한 현상이다. 많은 스페인 사람들은 높은 물가를 불평하지만 여전히 시장에서 물건을 계속 구입한다. 불행하게도 과도한 인플레이션은 스페인 사람들 사이에서 "이제 우리도 유럽 사람이다"라고 말하게 되는 또 다른 동기가 되고 있다.

강력한 경제적인 반향을 갖는 다른 요인은 아메리카 발견 500주년의 개최와 함께 1992년 올림픽이었다. 이제는 올림픽이 유발하는 경제적인 붐 외에도 스페인과 중남미의 문화와 관계된 모든 사건들에 대한 총체적인 관심이 나타난다.

그러나 두 가지 행사가 갖는 과도적 특성으로 인해 사람들은 두려움을 느낀다. 많은 스페인 사람들은 1992년 이후 무슨 일이 일어날지 걱정하고 있는 것이다.

미군 기지들은 오랫동안 있어 왔다. 그러나 스페인은 레오뽈도 깔보 소떼로의 과도기적 대통령 재임 기간에 해당하는 1982년까지 북대서양조약기구에 가입하지 않은 상태였다. 스페인사회주의노동자당(PSOE)을 포함해서 좌파와 반미주의자들의 항의가 있었다. 북대서양조약기구로의 가입은 그 때 당시 여당인 민주중도동맹(UCD) 이해 당사자들의 조작이라고 말했다. 1982년 선거 운동에서 나중에 수상이 된 스페인사회주의노동자당 수상 후보인 펠리뻬 곤살레스는 북대서양조약기구의 문제에 관한 국민 투표를 약속했다. 또한 북대서양조약기구에 남게 될 경우의 스페인의 이득들에 관해서 민주중도연맹 지도자들과 이견을 보였다. 스페인사회주의노동자당의 많은 당원들은 냉전과 관계가 있는 어떠한 정치적 군사적 문제에서든 중립을 선언해야 한다고 말하곤 했다.

1982년 곤살레스와 스페인사회주의노동자당의 결정적인 승리 후 그들의 태도는 바뀌었다. 북대서양조약기구에 관해 약속한 국민 투표가 1986년까지 실시되지 않았고, 그 사이에 스페인사회주의노동자당은 입장을 바꾸었다. 경제적인 이유로 북대서양조약기구에 찬성한다고 선언했다. 서구 세계의 방어에 관한 논쟁에서 스페인 참여는 프랑꼬 정권 때문에 스페인이 겪었던 고립을 끝낼 것이다. 반면에 잔류 거부를 찬성하는 사람들, 평화주의자들, 공산주의자들, 지식인 좌파와 젊은 사람들은 북대서양조약기구는 미국에 의해서 조작되는 군사 기구이며, 유럽이 아니라 미국의 군사적 이해를 방어한다고 말했다. 그러나 펠리뻬 곤살레스와 부통령인 알폰소 게라는 북대서양조약기구와 유럽경제공동체 사이의 경제적인 연관성을 주장했다. 또한 스페인의 경제는 북대서양조약기구에서 철수하면 수십만의 일자리를 상실할 것이라고 말했다. 스페인사회주의노동자당의 주장은 결실을 보았다. 반대하는 사람이 대략 40%인 반면에 찬성하는 사람들은 52%에 달했다. 나머지는 투표를 포기했다. 국민 투표 후에 곤살레스는 어려움 없이 다음 선거(1986년 6월)에서 승리했다. 북대서양조약기구에 잔류할 필요성에 관한 스페인 국민들 사이의 의견 대립은 계속되는데, 특히 바르샤바 조약(1990년에 철폐되었다) 국가들에서 보여 준 많은 정치적인 변화를 고려

하면 더욱 그렇다. 또한 스페인 땅에 미군 기지의 존재는 불필요할 뿐만 아니라, 그것은 미국의 제국주의적 우세에 대한 다른 표명이라는 의견도 많다.

 Note

* **década** : 10년
* **OTAN** : 북대서양 조약 기구
* **formar parte de** : ⋯에 참가하다
* **inflación** : 팽창, (경제) 인플레
* **desenfrenado** : 과도한, 절제가 없는
* **transitorio** : 일시의, 허망한, 통과의
* **llegar a ser** : ⋯하기에 이르다
* **discrepancia** : 상반, 위약, 불일치
* **rotundo** : 결정적인, 단호한
* **prepotencia** : 대세력, 우세

* **incorporación** : 합병, 합체, 편입
* **desconfianza** : 불신, 의심
* **beneficiosos** : 소득이 있는, 유리한
* **participar** : 참가하다, 알리다, 통보하다
* **quinto** : 5번째의, 5분의 1
* **base** : 기초, 바탕, 근거, 받침돌, (군사) 기지
* **gobernante** : 다스리는, 지휘자, 지배자
* **neutral** : 중립의, 중립국의
* **manipulado** : 조작된, 조종된
* **la guerra fría** : 냉전

EPÍLOGO

¿Te gusta la Historia de España?. ¿No te parece que tenemos motivos para estar orgullosos de nuestra Patria, de sus héroes, de sus sabios y de sus santos?

Al pensar en esto, y sin dejar de admirar las grandezas materiales de otras naciones, más ricas y poderosas que España, agradecerás a Dios el haber nacido español.

Dios y su Santísima Madre han protegido siempre a España, defensora heroica de los derechos de Dios y evangelizadora de otros muchos pueblos. Si la Historia es el alma de la Nación, tu Patria, tiene un alma noble y grande. ¡Sé siempre digno hijo de ella!

Recuerda con gratitud los nombres insignes de tantos santos, héroes, sabios, reyes, conquistadores y esforzados capitanes, capítulos gloriosos de nuestra incomparable Historia.

Ellos consagraron sus vidas para hacer que tu Nación sea admirada por el mundo entero. Piensa que tienes una vida en la que podrás hacer algo por tu patria. ¿Santo?, ¿Sabio?, ¿Héroe?

Piensa finalmente que tú, a imitación de tan ilustres antepasados, debes hacer cuanto esté de tu parte para conseguir la España UNA, GRANDE y LIBRE que soñaron los CAÍDOS POR DIOS y por ESPAÑA.

¡PRESENTES!

편역자 박 철(朴 哲)

학력 및 경력
한국외국어대학교 스페인어과 졸업
스페인 마드리드국립대학교 문학박사
미국 하버드대학교 로망스어학부 방문교수
한·스페인우호협회 회장
스페인 왕립한림원 종신회원
한국사립대학총장협의회 회장
한국외국어대학교 제8대·제9대 총장

저서 및 역서
Testimonios literarios de la labor cultural de las Misiones españolas en el Extremo Oriente(스페인 외무성)
16세기 서구인이 본 꼬라이(한국외국어대학교 출판부)
스페인 문학사(삼영서관)
아라비안 나이트(삼영서관)
한국 천주교 전래의 기원(서강대학교 출판부)
착한 성인 마누엘(한국외국어대학교 출판부)
세르반테스 모범소설(시공사)
돈키호테(시공사)
돈키호테를 꿈꿔라(시공사) 외 다수

포상
스페인정부 문화훈장「기사장」(Orden de Caballero)
스페인 카를로스3세 십자기사훈장
스페인정부 이사벨여왕훈장(Encomienda de Isabel la Católica) 외 다수

스페인 역사 (서한대역 시리즈 1)

2009년 8월 17일 개정판 1쇄 발행
2018년 5월 10일 개정판 4쇄 발행

편저자 박 철
펴낸이 정정례
펴낸곳 삼영서관
디자인 디자인클립

주소 서울 동대문구 답십리 동 469-9 1F
전화 02) 2242-3668 팩스 02) 2242-3669
홈페이지 www.sysk.kr
이메일 syskbooks@naver.com
등록일 1978년 9월 18일
등록번호 제 1-261호

ISBN 978-89-7318-325-8 03770

책값 10,000원

※ 파본은 교환하여 드립니다.